古典文獻研究輯刊

三四編

潘美月・杜潔祥 主編

第 27 冊

陳景雲《文選舉正》疏證
（第六冊）

范志新 著

國家圖書館出版品預行編目資料

陳景雲《文選舉正》疏證（第六冊）／范志新 著 -- 初版 --
新北市：花木蘭文化事業有限公司，2022〔民111〕
目 4+216 面；19×26 公分
（古典文獻研究輯刊 三四編；第 27 冊）
ISBN 978-986-518-882-5（精裝）

1.CST：文選舉正 2.CST：文選學 3.CST：文學評論

011.08 110022685

古典文獻研究輯刊
三四編　第二七冊　　　　　　　　ISBN：978-986-518-882-5

陳景雲《文選舉正》疏證（第六冊）

作　　者　范志新
主　　編　潘美月、杜潔祥
總 編 輯　杜潔祥
副總編輯　楊嘉樂
編輯主任　許郁翎
編　　輯　張雅淋、潘玟靜、劉子瑄　美術編輯　陳逸婷
出　　版　花木蘭文化事業有限公司
發 行 人　高小娟
聯絡地址　235 新北市中和區中安街七二號十三樓
　　　　　電話：02-2923-1455／傳真：02-2923-1452
網　　址　http://www.huamulan.tw 信箱 service@huamulans.com
印　　刷　普羅文化出版廣告事業
初　　版　2022 年 3 月
定　　價　三四編 51 冊（精裝）台幣 130,000 元

陳景雲《文選舉正》疏證
（第六冊）

范志新 著

目次

文選卷二十七

【陳校】

題目「且」，「旦」誤。

【疏證】

奎本、尤本作「旦」。明州本首誤作「且」。贛本卷首總目、卷前目，例為館臣所芟。建本無卷前目，然有卷首總目作「旦」。謹案：此毛本因正文題而誤。參見下。此亦陳校卷前目例。

北使洛一首　　顏延年

改服筋徒旅

【陳校】

「筋」，「飭」誤。

【疏證】

諸《文選》本咸作「飭」。謹案：《九家集注杜詩·早發射洪縣南途中作》「俶裝逐徒旅」，亦作「飭」，而同書《鐵堂峽》「徒旅慘不悅」注引作「飾」。「飾」與「飭」通。《說文通訓定聲·頤部》：「飾，叚借為飭。」此毛本獨因「筋」、「飭」形近而誤。陳校當從尤本等正之。

在昔輟期運　注：《毛詩》曰：自古在若。蔡邕《陳寔命碑》曰：應期運之數。

【陳校】

注「自古在若。」「若」，「昔」誤。又「《陳寔命碑》」。「命」字誤。

【集說】

胡氏《考異》曰：注「蔡邕《陳寔命碑》曰」。陳曰云云。是也。案：此不當有。《碑》在五十八卷，可證。各本皆衍。

梁氏《旁證》曰：陳校去「命」字。各本皆衍。

【疏證】

奎本以下諸六臣合注本、尤本悉作「昔」、衍「命」字。謹案：《毛詩》，見《商頌·那祀》篇，正作「昔」。此毛本獨因形近而譌。陳校當從《毛詩》、尤本等正之。蔡作《陳碑》載在本書，作「《陳太丘碑文》」。毛本衍「命」，蓋誤從尤本等，前胡校是。「寔」，與「實」同。

威遲良馬煩　注：《韓詩》曰：周道倭遲。

【陳校】

注「周道倭遲。」「倭」，「威」誤。

【集說】

顧按：「遲」字，亦誤字。

胡氏《考異》曰：注「《韓詩》曰：周道威遲。」案：此有誤也。《遊天台山賦》、《琴賦》、《金谷集詩》皆引《韓詩》「周道威夷」，是「遲」當作「夷」。《秋胡詩》「行路正威遲」，善兩引《毛》、《韓》而云「其義同」。此與《秋胡詩》俱顏作，正文「遲」字無疑。恐善既引《韓》，而其下別有「遲、夷同字」之注。今失去也。

梁氏《旁證》曰：注「《韓詩》曰：周道威遲。」胡公《考異》曰「《遊天台山賦》」云云。

胡氏《箋證》曰：按：「威夷」，《韓詩》也；「倭遲」，《毛詩》也。本書《秋胡詩》「行路正威遲」注引「《毛詩》曰：周道倭遲」，又引「《韓詩》曰：『周道倭夷。』其義同。」最為明晰。此蓋有誤。

【疏證】

　　奎本、明州本、尤本、建本同。贛本引《韓詩》作「威夷」。「韓詩」上複有「《毛詩》曰：四牡騑騑，周道倭遲。毛萇曰：倭遲，歷遠貌」十九字。謹案：作「倭」，毛本當從尤、建本等。本書潘安仁《金谷集作詩》「峻坂路威夷」注、孫興公《遊天台山賦》「路威夷而修通」注引《韓詩》並作「威夷」。是陳校當從贛本及本書內證改。然大可不必改，蓋《毛詩注疏・小雅・四牡》「周道倭遲」，陸德明釋文云：《韓詩》作「倭夷」。是《韓詩》亦有作「倭」之證。顧氏謂「遲字，亦誤字」，究其實亦不必改，蓋「倭遲」、「威夷」、「倭夷」，皆是聯縣字「委蛇」之變體，可參明・徐應秋《玉芝堂談薈》卷三十一「委蛇十二變」說。本書顏延年《秋胡詩》「行路正威遲」注兼引《毛詩》、《韓詩》二家，與本條贛本同，然則，依善注體例，本條祇須省作「已見《秋胡詩注》」，足矣。

飛薄殊亦然　　注：曹植《吁嗟篇》曰：吁嗟此轉蓬，居世亦然之。

【陳校】

　　注「亦然之」，當作「何獨然」。見《魏志・植傳》注。

【集說】

　　胡氏《考異》曰：注「居世亦然之。」陳曰云云。是也，各本皆誤。
　　梁氏《旁證》曰：陳曰云云。

【疏證】

　　奎本以下諸六臣合注本、尤本悉同。謹案：「何獨然」，見《魏志・植傳》「時年四十一」句下裴注。《藝文類聚》卷四十二、嘉定本《曹子建集》卷六引、宋・吳棫《韻補・先韻》「閑」字注引並同裴注。毛本蓋誤從尤本等，陳校當從裴注、《藝文類聚》等正之。

還至梁城作一首　　顏延年

耤策睽東路　　注：陸機《赴洛詩》曰：振徒陟崇丘。

【陳校】

　　「耤」，「振」誤。又注「振徒陟崇丘。」「徒」，當作「策」。

【集說】

梁氏《旁證》曰：六臣本、毛本「策」誤作「徒」。

【疏證】

諸《文選》本咸作「振策」。奎本、尤本注作「策」。明州本、贛本、建本注誤「徒」。謹案：陸詩當作《赴洛道中作》，載在本書，正作「策」。毛本「褥」字，獨因形近誤作；誤「徒」，則襲建本等爾。陳校除據本書內證、尤本外，用注與文互校，亦可正毛本二處之譌。

愚賤同堙滅　注：《別子》曰：賢愚好醜，無不消滅。

【陳校】

注「《別子》」。「別」，「列」誤。

【疏證】

奎本以下諸六臣合注本、尤本悉作「列」。謹案：「賢愚」云云，語見《列子‧楊朱》篇。本書王文考《魯靈光殿賦》「賢愚成敗」注引亦作「列」。毛本獨因形近致誤，陳校當從尤本等正之。

始安郡還都與張湘州登巴陵城樓作一首　顏延年

衡巫莫南服　注：《尚書》曰：奠高山大川。孔安國曰：奠，定也。

【陳校】

「莫」，「奠」誤。

【疏證】

諸《文選》本咸作「奠」。謹案：《尚書》並孔傳，見《禹貢》篇，並作「奠」字，本書顏延年《應詔讌曲水作詩》「爰履奠牧」注引同。謝玄暉《和王著作八公山詩》「分區奠淮服」注引孔《傳》，亦作「奠」。五臣作「奠」，良注可證。善本作「奠」，孔注已明。此毛本偶誤。陳校當從《尚書》及孔《傳》、本書內證、尤本等正之。

經途延舊軌，登闉訪川陸　注：《說文》曰：延，長也。又曰：闉，城曲重門也。舊軌，謂張劭也。鄭玄《周禮注》曰：延，進也。

【陳校】

注「舊軌，謂張劭。」按：「延」字，當從鄭注作「進」解，與「登闉」方貫。巴陵，乃昔南行舊地，今復遇之，故曰「延舊軌」。非謂張劭也。

【集說】

胡氏《箋證》曰：注「《說文》曰：延，長也。」按：今《說文》「延，長行也。」此脫一「行」字，則於詩意難解。

【疏證】

奎本以下諸六臣合注本、尤本悉同。謹案：此陳正善注「舊軌，謂張劭」說之不當。其說甚是。然「延」字，取鄭玄注，而否定善引《說文》，則有所不知，失於校勘矣。其實，善注引《說文》與引《周禮》鄭注本同，蓋取義並在「行也」。後胡謂善引《說文》「長」下脫一「行」字，甚是。檢《說文·延部》：「延，長行也。從延，丿聲。」段注：「本義訓長行。」而檢《周禮·大司徒》「徒銜枚而進」鄭注：「進，行也。」又《考工記·輪人》：「進而眡之，欲其微至也」鄭注：「進，猶行也。」足證善注本有「行」字，後人傳寫奪爾。

傷哉千里目　注：《楚辭》曰：湛湛江水兮河上有楓，目極千里兮傷春心。

【陳校】

注「河上有楓」。「河」字，衍。

【集說】

胡氏《考異》曰：注「河上有楓」。何校去「河」字，陳同。各本皆衍。
梁氏《旁證》同胡氏《考異》。

【疏證】

明州本、贛本、建本、尤本衍同，奎本作「江」字。謹案：語見《楚辭·招魂》無「河」字，宋玉《招魂》載在本書，亦同。《藝文類聚》卷三、《古今事文類聚》後集卷二十引悉同。本書阮嗣宗《詠懷詩（湛湛）》「上有楓樹林」

注引作「湛湛江水兮上有楓樹」，末涉正文衍「樹」字。然「兮」下無「河」字，仍可佐證陳校。此奎本首衍「江」字，自明州本改作「河」字，以譌易譌，諸本踵其誤耳。毛本當誤從尤本等，陳、何校當據《楚辭》、本書內證等正之。

烟介在明椒　注：《蒼頡篇》曰：烟，明也。……耿，與烟同。

【陳校】

　　「烟介在明椒。」「烟」，「炯」誤。注同。「椒」，「淑」誤。

【疏證】

　　諸《文選》本悉作「炯」（注同）、「淑」。謹案：五臣亦作「炯」、「淑」，翰注可證。本書班孟堅《幽通賦》「又申之以炯戒」注：「曹大家曰：『炯，明也。』」可為陳校佐證。《補注杜詩》「謀拙竟何人」注引亦作「炯」、「淑」。「烟」「煙」之或體與「炯」、「椒」與「淑」，皆形近，毛本獨誤，陳校當從尤本等正之。

還都道中作一首　鮑明遠

崩波不可留　注：《江賦》曰：駭瀄浪而相矗。

【陳校】

　　注「瀄浪」。「瀄」，「崩」誤。又「相矗」。「矗」，「壘」誤。

【集說】

　　胡氏《考異》曰：注「駭瀄浪而礧。」陳云：「瀄，崩誤。」是也，各本皆譌。

【疏證】

　　奎本以下諸六臣合注本、尤本悉誤「瀄」、作「礧」。謹案：《江賦》見本書，正作「崩」、「礧」。毛本作「瀄」，當誤從尤本等，陳校當從本書內證及正文正之，是也。按《集韻·隊韻》：「礧，《埤蒼》：『推石自高而下。』或作壘。」「壘」係「壘」之或體，故與「礧」同。《正字通·田部》云：「矗，從三田，即土意。亦加土作壘。矗與壘同。」然則，毛本作「矗」不誤。陳校不必改焉。

登艫眺淮旬

【陳校】

「旬」，「甸」誤。

【疏證】

諸《文選》本咸作「甸」。謹案：《藝文類聚》卷二十七作「甸」。此毛本獨因形近致誤。陳校當從尤本等正之。

倏悲坐還合，俄思甚兼秋　注：兼，猶三也。《毛詩》曰：一日不見如三秋。

【陳校】

「悲」，當作「忽」。

【疏證】

諸《文選》本咸同。謹案：觀五臣翰注：「倏忽俄頃之際，悲思已合於心，若經三秋也」云云，可知五臣注雖「忽」、「悲」並有，然以「倏忽」解「倏」、以「俄頃」釋「俄」，以「悲」、「思」為相合，則作「悲」者，五臣本也。善本自作「忽」，故於上句無注。合併者奎本失著校語耳。「倏」下「悲」、「忽」之歧出，亦見於唐人常建詩《太公哀晚遇》「倏悲天地人，雖貴將何為？」「悲」下有注云：「一作忽」。倏、悲組詞，唐以前罕見。毛本當從尤本等，陳校當是。

貽此越鄉憂　注：《左氏傳》曰：人曰懷璧不可以越鄉。

【陳校】

注「人曰懷璧」。當作「小人懷璧」。

【疏證】

奎本、明州本、尤本、建本作「宋人曰」。贛本作「小人」。謹案：語見《春秋左傳注疏·襄公十五年》，正作「小人」。《太平御覽》卷八百四、《古今事文類聚》續集卷二十六引、《古今合璧事類備要》外集卷六十二「以玉為寶」注引並同。贛本獨是。毛本當誤從尤本等，又去「宋」字，陳校蓋從《左傳》、贛本等正之。此亦前胡漏錄、漏校例。

之宣城出新林浦向版橋一首　謝玄暉

歸林東北鶩

【陳校】

　　「林」，當作「流」。

【疏證】

　　諸《文選》本悉作「流」。謹案：《文章正宗》卷二十二下引亦作「流」，王觀國《學林·詩重韻》引、《海錄碎事》卷九下引，並同。此毛本傳寫獨誤，陳校當從尤本等正之。

旅思倦搖，孤遊昔搖已屢　注：《毛詩》曰：中心搖搖。

【陳校】

　　「〔倦〕搖」下，脫一「搖」字。「昔」下，衍一「搖」字。

【疏證】

　　諸《文選》本下「搖」字咸承上「搖」字。謹案：《文章正宗》卷二十二下、《海錄碎事》卷九下引並作「搖搖」。五臣作「搖搖」，翰注可證。善作「搖搖」，引《毛詩》已明。《毛詩》語見《王風·黍離》篇，正作「搖搖」。毛本傳寫偶錯位，陳校當從《毛詩》、尤本等正之。

復協滄洲趣　注：楊雄《檄靈賦》曰：世有黃公者，起於蒼州……謝靈運《遊南亭詩》曰：賞心惟南知。

【陳校】

　　注「蒼州」，當作「滄洲」。又「謝靈運《遊南亭詩》曰：『賞心唯南知。』」「南」，「良」誤。此十三字乃下「賞心於此遇」注，誤刻於此。

【集說】

　　胡氏《考異》曰：注「起於蒼州。」陳云「蒼，當作滄。」是也，各本皆譌。注「謝靈運《遊南亭詩》曰：『賞心唯良知。』」陳云：「此十三字乃下『賞心於此遇』注，誤列於此。」案：當在下節注引「《左傳》」下，各本皆誤。

　　梁氏《旁證》曰：陳校「蒼」改「滄」。各本皆誤。

【疏證】

奎本作「滄洲」、「良」。明州本、贛本、尤本、建本作「蒼州」、「良」。謹案:《九家集注杜詩·幽人》「中年滄洲期」注、又《曲江對酒》「情更覺滄州」、《奉贈盧五丈參謀琚》「辜負滄州願」注三引善注並作「滄洲」,而正文悉作「滄」;一作「洲」、二作「州」。可證「蒼」字必改,「洲」與「州」,則兩可。奎本作「滄」,是「滄」之俗字。陳校當從正文改。宋·吳曾《能改齋漫錄·滄洲趣》論本詩引李善注亦正作「滄洲」,上《九家集注杜詩·幽人》載趙(彥材)注云:「詩人之言隱,多用『滄洲』字」。陳校或有所聞見。比勘前胡《考異》迻錄陳校與周鈔《舉正》,可見前胡出校之謹慎、精審:周鈔「蒼州」二字並改,《考異》祇正「蒼」,不論「州」,蓋「洲」、「州」兩可;周鈔「南」字,陳正之,而《考異》不錄,蓋陳、胡校對象不一,陳為毛本,胡為尤本,尤本不誤耳。

雖無玄豹姿　注:《列女傳》曰:陶答子治陶三年,多譽不興,家富三倍。……妻曰:妾聞南山有玄豹,隱霧而七日不食,欲以澤其衣毛,成其文章。至於大豕,肥以取之,逢禍必矣。朞年,答子之家果被盜誅。

【陳校】

注「多譽不興」。「多」,「名」誤。又「大豕」。「大」,「犬」誤。又「被盜誅」。「誅」,「誅」誤。

【集說】

余氏《音義》曰:「多譽」。「多」,何改「名」。

【疏證】

奎本以下諸六臣合注本、尤本悉作「名」、「犬」、「誅」。謹案:事見《古列女傳·陶答子妻》,正作「名」、「犬」、「誅」,《文章正宗》卷二十二下「雖無玄豹姿」注引並同。《初學記》卷二「豹隱」注引作「名」。毛本三處並因形近而誤,陳校當從《列女傳》、尤本等正之。

敬亭山詩一首　謝玄暉

上干蔽白日　注：《子虛賦》曰：日月蔽虧，文錯糾紛。

【陳校】

　　注「文錯」。「文」，「交」誤。

【疏證】

　　奎本以下諸六臣合注本、尤本悉作「交」。謹案：《子虛賦》載在本書，字正作「交」。本書沈休文《鍾山詩應西陽王教》「干雲非一狀」注、劉孝標《辯命論并序》「交錯糾紛」注引並作「交」。毛本獨因形近而誤，陳校當從本書內證、尤本等正之。

獨鶴方朝唳　注：《八王故事》曰：陸機歌曰：欲聞華亭鶴唳，不可得也。

【陳校】

　　注「陸機歌」。「歌」，當作「歎」。

【集說】

　　余氏《音義》曰：「機歌」。「歌」，何改「歎」。
　　胡氏《考異》曰：注「陸機歌曰。」何校「歌」改「歎」。陳同。各本皆譌。
　　梁氏《旁證》同胡氏《考異》。

【疏證】

　　奎本、明州本、建本、尤本同。贛本獨作「歎」。謹案：《晉書·陸機傳》作「歎」。《藝文類聚》卷九十：「晉《八王故事》曰：『陸機為成都王所誅，顧左右而嘆曰：今日欲聞華亭鶴唳不可復得。』」《太平御覽》卷九百十六，略同。本書鮑明遠《舞鶴賦》「唳清響于丹墀」注引亦作「嘆」。諸本「歌」、「歎」，形近而譌。今觀其注「欲聞華亭鶴唳」云云，亦可證不當作「歌」字。毛本當誤從尤本等，陳、何校當據《晉書》、贛本、類書等正耳。案善注體例，「《故事》」下「曰」字當刪，上引《舞鶴賦》注，便是明證，上諸《文選》本及諸家並失校。

我行雖紆組　注：《說文》曰：紆，屈也。一曰縈也。

【陳校】

　　注「縈也」。「縈」，當作「縈」。

【疏證】

　　奎本以下諸六臣合注本、尤本悉作「縈」。謹案：語見《說文·糸部》，字正作「縈」。《類篇·糸部》、《集韻·虞韻》引《說文》並同。僅依《說文》上下文意，亦可判當作「縈」字。此毛本獨因形近而誤，陳校當從《說文》、尤本等正之。

茲理庶無睽　　注：《周易》曰：揆，乖也。

【陳校】

　　注「揆，乖也。」「揆」，「睽」誤。

【疏證】

　　奎本以下諸六臣合注本、尤本悉作「睽」。謹案：語見《周易注疏·繫辭下》「蓋取諸睽」注，字正作「睽」，本書《南樓中望所遲客》「即事怨睽攜」注引同。《玉篇·目部》：「睽，乖也。」此毛本獨傳寫譌，陳校當從《周易》、本書內證、尤本等正之。

休沐重還道中一首　　謝玄暉

題注：《漢書》：張安世沐休未嘗出。

【陳校】

　　題注「沐休」二字。當乙。

【疏證】

　　奎本以下諸六臣合注本、尤本悉作「休沐」。謹案：語見《漢書·張安世傳》，正作「休沐」，本書鮑明遠《數詩》「休沐還舊邦」注引同。此毛本因「休」、「沐」二字形近而倒，陳校當從《漢書》、本書內證、尤本等正之。

薄遊第從告　　注：《漢書》曰：蘇林曰：弟，且也。

【陳校】

　　注「弟」，「第」誤。

【集說】

顧按：「弟」字不誤，依《集》正文亦「弟」字也。

【疏證】

奎本、贛本、尤本、建本注與正文並作「第」，惟明州本注與正文並作「弟」。謹案：今本《漢書‧陳勝傳》「藉第令毋斬」引蘇林注正作「第」，而《史記索隱‧陳丞相系世諱代字家》：「陛下弟出偽游雲夢」注同引「蘇林云：弟，且也」，則作「弟」。然「弟」，「第」本古今字，已見上徐敬業《古意酬到長史溉登琅邪城》「徐敬業」條，《索隱》再證其說。顧氏說，亦是也，毛本當有所出。陳校則從今本《漢書》、尤本等。《考異》不收，一是尤本未為誤，二乃為陳校未是者隱也。

注：（《漢書》）又曰：高祖嘗告歸之田。李斐曰：休謂退之名也。

【陳校】

注「休謂退之名。」「謂」，「謁」誤。「退」字，衍。

【集說】

胡氏《考異》曰：注「休，謂退之名也。」陳曰云云。是也，各本皆誤。此即《高紀》注。

梁氏《旁證》曰：陳校「謂」改「謁」，去「退」字。是也。此即《高紀》注。

【疏證】

奎本以下諸六臣合注本、尤本誤同。謹案：李斐注，見《漢書‧高帝紀上》，作：「服虔曰：『告，音如嘷呼之嘷。』李斐曰：『休謁之名，吉曰告，凶曰寧。』」《後漢書‧陳寵傳》「光武皇帝絕告寧之典」章懷注：「《前書音義》曰：『告寧，休謁之名。吉曰告，凶曰寧。古者，名吏休假曰告。』吏二千石有予告、賜告。予告，在官有功，法所當得也。賜告，病三月當免，天子優賜其告，使帶印綬，將官屬，歸家養疾也。」述之甚詳。善注節攝，掐頭去尾，致奎本等因不知「休謁之名」四字蓋承上注「告」字而譌、衍耳。毛本蓋誤從尤本等，陳校當從《漢書》注正之。此亦陳以史正《選》之例。

休汝車騎非　注：范曄《後漢書》曰：同郡袁紹濮陽令，車徒甚盛。

【陳校】

注「袁紹濮陽令」。「紹」下，脫「去」字、「令」下，脫「歸」字。

【集說】

胡氏《考異》曰：注「濮陽令」。陳云：「濮上脫去字、令下脫歸字。」是也，各本皆脫。

梁氏《旁證》曰：陳校「濮」上添「去」字、「令」下添「歸」字。

【疏證】

奎本以下諸六臣合注本、尤本脫同。謹案：語見《後漢書・許劭傳》，正有「去」、「歸」字，《北堂書鈔》卷三十六「貪饕流放」注、卷七十七「改操飾行」注引並同。毛本當誤從尤本等，陳校當從《後漢書》正之。此又以史正《選》之例。

灞池不可別　注：《牧乘集》有《臨灞池遠訣賦》。

【陳校】

注「牧乘」。「牧」，「枚」誤。

【疏證】

奎本以下諸六臣合注本、尤本悉作「枚」。謹案：王應麟《漢藝文志考證・枚乘賦九篇》云：「《文選注》：『《枚乘集》有《臨霸池遠訣賦》。』《隋志》：『《乘集》二卷。』今按《隋書・經籍志四》：『漢《淮南王集》一卷』注：『又有漢……弘農都尉《枚乘集》二卷。錄各一卷。亡。』」此毛本獨因形近而譌，陳校當從尤本及王應麟《漢藝文志考證》等正之。

含景望芳菲，賴此盈樽酌　注：嵇康《秀才詩》曰：旨酒盈罇。陸機曰：日出東南隅，清川含藻景。

【陳校】

注「《秀才詩》」。「秀」上，脫「贈」字。又「陸機曰」。「曰」字衍。又「東南隅」下，脫「行」字。

【集說】

胡氏《考異》曰：注「嵇康《秀才詩》曰」。陳曰云云。是也，各本皆脫。又曰：注「陸機曰：『日出東南隅。』」陳曰云云。案：「行」下，當有「曰」字。各本皆誤。

梁氏《旁證》曰：陳校「秀」上添「贈」字。又「機」下「曰」字，移在「隅」字下。

【疏證】

奎本以下諸六臣合注本、尤本悉同。謹案：嵇、陸詩皆見本書，嵇詩題「秀」上有「贈」字。陸詩「日出東南隅」並非「清川含藻景」上句，實為詩題而脫一「行」字。「機」下「曰」字非衍，前胡、梁氏移在「隅」字下，顯而易見，較陳以「曰字為衍」說，妥當。毛本當誤從尤本等。

志狹輕軒冕　注：《管子》曰：先王制軒冕以著貴戳。

【陳校】

注「貴戳」。「戳」，「賤」誤。

【集說】

余氏《音義》曰：「貴戳」。何「戳」改「賤」。

【疏證】

奎本以下諸六臣合注本、尤本悉作「賤」。謹案：語見《管子·法法》篇，字正作「賤」，《藝文類聚》卷五十一引《管子》同，本書張景陽《七命》「軒冕藹藹」注、王仲寶《褚淵碑文》「軒冕相襲」注引亦同。毛本傳寫因形近致誤，陳、何校當從《管子》、本書內證、尤本等正之。

初服偃郊扉　注：《楚辭》曰：進不入以離尤兮，退將復修吾初。

【陳校】

注「退將復修吾初。」「復」字衍、「初」下，脫「服」字。

【集說】

胡氏《考異》曰：注「退將復修吾初。」何校「初」下添「服」字。陳同。各本皆脫。

梁氏《旁證》同胡氏《考異》。

【疏證】

明州本、尤本、建本同。奎本、贛本有「復」、「服」字。謹案：語見《楚辭·離騷》，正有「復」、「服」字，《離騷》載在本書，同，本書潘安仁《西征賦》「反初服於私門」注、張平子《思玄賦》「修初服之姿姿兮」注、曹子建《七啟》「願反初服，從子而歸」注引《楚辭》並同。陳校謂「復字衍」，非；補「服」字，則是。按之正文，亦當有「服」字。毛本作「復」，不誤；脫「服」，當誤從尤本等。本條，亦前胡錄陳校之是而去其非者。

晚登三山還望京邑一首　謝玄暉

題下注：山謙之《月陽記》曰：江寧縣……濱江，有二山相接，即名為三山。舊時津齊道也。

【陳校】

注「《月陽記》」。「月」，「丹」誤。又「有二山」。「二」，「三」誤。又「津齊道」。「齊」，「濟」誤。

【疏證】

奎本、贛本、尤本、建本作「丹」、「三」、「濟」。《太平御覽》卷四十六「三山」引山謙之《丹陽記》同。明州本誤作「二」，餘同奎本。謹案：《太平御覽》卷四十六「三山」引山謙之《丹陽記》亦作「丹」、「三」、「濟」。「山謙之《丹陽記》」，見《初學記》卷七「張侯」注、卷八「東府」注。本書陸佐公《石闕銘》「乃假天闕於牛頭」注亦引「山謙之《丹陽記》」。毛本皆形近致譌。陳校當從本書內證、尤本等正之。

誰能鬒不變　注：毛萇《詩傳》曰：鬒，黑髮也。縝，與鬒同。

【陳校】

「鬒」，「縝」誤。又注「鬒」，當作「鬢」。

【集說】

余氏《音義》曰：「縝」，善注「與鬒同」。

梁氏《旁證》曰：「誰能縝不變。」五臣「縝」作「鬒」。向注：「《詩》云：『鬒髮如雲。』」

【疏證】

尤本作「縝」、「鬢」。奎本以下諸六臣合注本咸作「鬢」，校云：善本作「縝」。注咸作「鬢」。五臣正德本作「縝」、陳本作「鬢」。謹案：毛《傳》，見《毛詩注疏‧鄘風‧君子偕老》，字正作「鬢」，與善注「縝與鬢同」合，因可推定善所據本《文選》必作「縝」。五臣求異善本，仍從《毛詩》作「鬢」。故縝、鬢雖同，善與五臣各別。而毛本好古，從五臣作「鬢」，復因形近誤為「鬚」也。陳校當從《毛詩》、尤本等正之。五臣正德本作「縝」者，乃後人所改耳。

京路夜發一首　　謝玄暉

蕭蕭戒徂兩　　注：《尚書》曰：戒車三百兩。

【陳校】

注「戒車」。「戒」，「戎」誤。

【集說】

胡氏《考異》曰：注「戎車三百兩。」袁本、茶陵本作「戎」，是也。

梁氏《旁證》曰：六臣本「戒」作「戎」。是也。

【疏證】

尤本誤同。奎本以下諸六臣合注本作「戎」。謹案：語見《尚書注疏‧牧誓》，正作「戎」。《太平御覽卷》八十三、卷二百四十一等、《玉海》卷一百三十六、卷一百四十六引並同。本書沈休文《應詔樂遊苑餞呂僧珍詩》「戎車出細柳」注引亦同。尤本蓋涉正文而誤，毛本誤從尤本。陳校當從《尚書》、本書內證、贛本等正之。此亦前胡以稱袁、茶本而省稱陳校例。

瞻恩唯震蕩　　注：《楚辭》曰：心休暢而震蕩。

【陳校】

注「心休暢」。「休暢」，當作「怵惕」。

【集說】

余氏《音義》曰：「休暢」。何改「怵惕」。

梁氏《旁證》曰：毛本「怵惕」誤作「休暢」。

【疏證】

　　奎本、明州本、贛本、尤本作「怳惕」。建本作「休惕」。謹案：語見《楚辭·九辯》，正作「怳惕」，《九辯》載在本書，同。建本雖作「休惕」，然「惕」字刻寫獨跡近「暢」甚，故遂為毛本所誤取，即此又可見兩家遞承之跡矣。陳、何校當從《楚辭》、尤本等正之。

望荊山一首　　江文通

雲霞肅川漲　　注：《江賦》曰：濟江津而起漲。漲，水之大貌也。

【陳校】

　　注「水之大」。「之大」，當乙。

【疏證】

　　奎本以下諸六臣合注本、尤本悉作「大之」。謹案：郭景純《江賦》載在本書，正作「大之」。毛本傳寫偶倒，陳校當據本書內證、尤本等正之。

玉柱空掩露　　注：表叔《（止）〔正〕情賦》曰：陳玉柱之鳴箏。

【陳校】

　　注「表叔」，當作「袁淑」。

【疏證】

　　奎本以下諸六臣合注本、尤本悉作「袁淑」。謹案：袁淑字陽源，見本書袁陽源《傚曹子建樂府白馬篇》作者下注。淑，一作叔。本書江文通《別賦》「橫玉（桂）〔柱〕而霑軾」注引即作「袁叔」，《初學記》卷二十九「廣額」注引同，《太平御覽》卷八百五十引《梁書》阮孝緒贊謝藺：「每曰：吾家陽元也」有注：「袁叔，字陽元。」並是一人。此毛本二字獨因形近而譌，陳校當從本書內證、尤本等正之。

（且）〔旦〕發漁浦潭一首　　丘希範

【陳校】

　　題「且」，「旦」誤。

【疏證】

諸《文選》本題悉作「旦」。謹案：《古今事文類聚》前集卷十七、《文苑英華》卷一百六十三引作「旦」。五臣作「旦」，向注可證。毛本承卷前目錄而譌，陳校當從尤本等正之。

鳴鞞響杳障　注：《爾雅》曰：山正曰障。

【陳校】

「杳障」。「障」，五臣作「嶂」。又注「山正曰障。」「山」下，脫「上」字。

【集說】

胡氏《考異》曰：注「山正曰障。」袁本、茶陵本「山」下有「上」字。是也。案：此引《釋山》文，彼無「山」字。善添之……尤蓋校改刪「山」而誤去「上」字。

梁氏《旁證》曰：六臣本「正」上有「上」字。是也。此引《釋山》文。胡公《考異》曰：「彼無『山』字。善添之。尤本蓋校改刪山，而誤去上字耳。」姜氏皋曰：「《爾雅·釋山》作『上正章』，不作『障』，亦無『曰』字。其《釋丘》文亦曰：『上正章丘也。』然兩節『章』字，《釋文》無音，邢疏：『章，亦平也。』邵氏晉涵以《漢志》江夏郡竟陵縣之『章山』、《隋志》齊郡之『章丘』釋之，似不作去聲讀。」

【疏證】

尤本文並注皆同。五臣正德本作「嶂」，陳本作「障」。奎本作「嶂」，校云：善本作「障」。注脫「上」字。明州本同奎本，惟有「上」字。贛本、建本作「障」，校云：五臣作「嶂」；有「上」字。謹案：《爾雅》，見《釋山》，今本作「『上正章』注：『山上平。』」章，善本所據作「障」；五臣作「嶂」，正德本翰注可證。尤本注脫「上」字，當別有來歷，但據奎本已脫「上」字，即可破前胡所謂尤「刪山而誤去上字」之說。作「障」、脫「上」，毛本當並從尤本。陳校當從《爾雅》、贛本等補「上」字。五臣陳本作「障」，蓋「障」與「嶂」通。《一切經音義》卷三十九：「障，或從山，作嶂。」是其驗，或改從善本耳。

嶄絕峯如狀

【陳校】

「如」,「殊」誤。

【疏證】

諸《文選》本咸作「殊」。謹案:《古今事文類聚》前集卷十七引作「殊」。宋・王伯大《別本韓文考異・栁子厚墓誌銘》「能取進士第嶄」注引《選》,同。《方輿勝覽》卷一「漁浦潭」注引亦作「殊」。毛本獨因「如」、「殊」吳語音近而誤,陳校當從尤本等正之。

析析寒沙漲　注:謝靈運《山居賦注》曰:漲者,沙始起將成與也。

【陳校】

注「將成與」。「與」,「嶼」誤。

【疏證】

奎本以下諸六臣合注本、尤本悉作「嶼」。謹案:《宋書・謝靈運傳》「崐漲緬曠,島嶼綢沓」自注正作「嶼」。此毛本獨因形近而誤,陳校當從《宋書》、尤本等正之。

（岸）〔崖〕傾嶼難傍　注:劉淵林《吳都賦》曰:嶼,海中洲上有山石。

【陳校】

注「《吳都賦》」下,脫「注」字。

【疏證】

奎本以下諸六臣合注本脫同。尤本有「注」字。謹案:《吳都賦》載在本書,正為劉注。本書郭景純《江賦》「石帆蒙籠以蓋嶼」注、謝靈運《登江中孤嶼》注引、江文通《雜體詩・謝光祿莊》「涼葉昭沙嶼」注引,咸有「注」字。毛本傳寫偶脫耳。陳校當從本書內證、尤本等正之。

坐嘯音有委

【陳校】

「音」,「昔」誤。

【疏證】

　　奎本以下諸六臣合注本、尤本悉作「昔」，謹案：祝穆《古今事文類聚》前集卷十七引、《方輿勝覽》卷一「漁浦潭」注引並作「昔」。毛本獨因形近而誤，陳校當從尤本等正之。

注：坐嘯、臥治，並見謝玄師《在郡臥病》詩。

【陳校】

　　注「謝玄師」。「師」，「暉」誤。

【疏證】

　　奎本、明州本、尤本作「暉」。贛本、建本復出謝詩善注，故無「坐嘯」下至「病詩」十四字。謹案：謝玄暉《在郡臥病──》詩，載在本書。「坐嘯」，見謝詩「坐嘯徒可積」句注；「臥治」見同詩「高臥猶在茲」句注。毛本獨譌，陳校當從本書內證、尤本等正之。

早發定山一首　　沈休文

出浦水濺濺　　注：《楚辭》曰：瀨兮濺濺。王逸曰：濺濺，流疾貌也。音淺。

【陳校】

　　「濺濺」，當作「淺淺」。又注「音淺」。「淺」，當作「淺」。

【集說】

　　余氏《音義》曰：「濺濺」，善作「淺淺」。

　　孫氏《考異》曰：善本作「淺淺」。據注引《楚辭》當作「淺淺」。《廣韻‧一先韻》「淺」字注：「淺淺，流疾貌。」與「濺」字，義同字別。

　　梁氏《旁證》曰：六臣本「淺淺」作「濺濺」。尤本「淺」誤作「俴」。

　　胡氏《箋證》曰：按：依注則善本作「淺淺」，此為五臣所亂。

【疏證】

　　尤本作「淺淺」、注「俴」。五臣正德本、陳本作「濺濺」，正德本注作「音淺」，陳本「音淺」。奎本以下諸六臣合注本作「濺濺」，下注「音淺」，校云：善本作「淺淺」。謹案：《楚辭》見《九歌‧湘君》，作「淺淺」，注同。亦載在

本書，並注作「淺淺」。「濺濺」與「淺淺」本通。《集韻·先韻》：「濺，濺濺。水疾流皃。或作淺。」是其驗。然五臣作「濺濺」，向注可證；李善本作「淺淺」，《楚辭》是驗，犁然有別。毛本蓋以五臣亂善並及《楚辭》，陳校當從尤本等正之。音注，尤本「俴」，當是善音，蓋例在注文。《爾雅·釋言》；「俴，淺也」。《毛詩注疏·秦風·小戎》「小戎俴收」毛《傳》：「俴，淺。」皆以同音為訓。作「賤」者，五臣音也，例在當字下，且有正德本、奎本等為證。陳校誤矣。五臣陳本作「音淺」，蓋已經後人改過。此一細節，又可窺毛本與五臣陳本之瓜葛。

新安江水至清淺深見底貽京邑遊好一首　　沈休文

春言訪舟客

【陳校】

「春」，「眷」誤。

【疏證】

諸《文選》本咸作「眷」。謹案：《藝文類聚》卷八、《古今事文類聚》前集卷十六引並作「眷」，《方輿勝覽》卷十六「新安江」注，同。此毛本傳寫獨因形近而譌，陳校當據尤本等正之。

洞徹隨（流）〔深〕淺

【陳校】

「徹」，「澈」誤。

【集說】

許氏《筆記》曰：「洞徹」。一作「澈」。

【疏證】

諸《文選》本咸作「澈」。謹案：《方輿勝覽》卷十六「新安江」注引亦作「澈」，而《古今事文類聚》前集卷十六、《文苑英華》卷一百六十二引則皆作「徹」。徹，與澈通。《晉書·盧循傳》：「雙眸冏徹」，唐·錢起《片玉篇》「美人之鑒明且徹」，皆其證。然則，毛本當有所承，陳校不必因尤本等改也。

清濟涸無津 注：《戰國策》曰：蘇秦曰：濟有清濟濁可。《吳越春秋》曰：禹周行宇內，蝎洛涸濟，歷淮於澤。

【陳校】

注「濟有清濟濁可。」上「濟」字「齊」誤、「可」，當作「河」。又「蝎洛涸濟，歷淮於澤」。「蝎」，「竭」誤、「歷」，「瀝」誤。

【疏證】

奎本以下諸六臣合注本、尤本作「齊」、「河」、「竭」、「瀝」。謹案：《戰國策》見《燕策一》，字正作「齊」、「河」。毛本並因形近而譌，陳校當從《戰國策》、尤本等正之。《吳越春秋》，當見《越王無余外傳》篇，然今本未見「蝎洛涸濟」八字。何氏《讀書記》曰：「清濟涸無津。《續漢書·郡國志》：溫蘇子所都，濟水出，王莽時久旱枯絕。非用《吳越春秋》事。」何說是，此善誤注。陳校則從尤本等改，作「竭」，與「涸」對，順文理而已。

願以潺湲水 注：《雜子》曰：潺湲，水流皃也。

【陳校】

注「《雜子》」。「子」，「字」誤。

【集說】

胡氏《考異》曰：注「《雜子》曰」。陳曰云云。是也，各本皆譌。《七里瀨》所引正作「字」，所謂「周成《雜字》」者也。

梁氏《旁證》曰：陳校「子」改「字」。前卷《七里瀨》注引可證。即「周成《雜字》」也。各本皆誤。

【疏證】

明州本、贛本、尤本、建本同。奎本「曰」上無「雜子」二字。謹案：《隋書·經籍志一》「《雜字解詁》四卷」注：「魏·掖庭右丞周氏撰。梁有《解文字》七卷，周成撰。亡。」謝靈運《七里瀨》「石淺水潺湲」注引誠作「雜字」。「周成雜字」，則見本書司馬長卿《上林賦》「㳻溺鼎沸」句注。本書王子淵《洞簫賦》「或渾沌而潺湲兮」注、江文通《雜體詩·顏特進延之侍宴》「步櫩簉瓊弁」注亦並引「《雜字》」。陳校蓋從《隋書》、本書內證等正之。

從軍詩五首　王仲宣

（從軍）從軍有苦樂　注：《漢書》曰：程不識擊刀斗。

【陳校】

注「刀斗」。「刀」，「刁」誤。

【集說】

顧按：「刀斗」。不誤。

許氏《筆記》曰：「刁斗」。《漢書》作「刁斗」，《字書》無「刁」字。嘉德案：此注引《李廣傳》曰「不擊刁斗自衛。」今《李傳》作「刀斗」。形相似，傳寫誤作「刁」也。《唐、集等韻》有「刁」字，音貂。不與「刀」同，今諸書多用「刁斗」。見虞子陽《詠霍將軍北伐詩》「刁斗」條。

【疏證】

尤本作「刀」。奎本以下諸六臣合注本作「刁」。謹案：清·吳玉搢《別雅·鐎斗刀斗也》云：「《漢書·李廣傳》：『不擊刀斗自衛』，孟康曰：『刀斗，以銅作鐎，受一斗。晝炊飯食，夜擊持行夜，名曰刀斗。』《漢舊儀》：『衛宮城，擊刀斗木柝。』《博古圖》有漢小足鐎斗，梁山銅龍首鐎斗。程泰之言：『高麗至今呼刀斗。』鐎，音譙；刀斗之刀，音彫，聲近，故通。後人別作刁字為刁斗。刁姓字，《廣韻》刁註乃云『俗作刀』，非也。刁字，于六書無以下筆。刀，又讀彫，乃一字二音耳。」《別雅》所言的是。然《史記·李將軍列傳》：「不擊刁斗以自衛」裴駰《集解》引孟康注並作「刁」，已與《漢書》不同。司馬貞《索隱》曰：「刀，音貂。案：荀悅云：『刀斗，小鈴，如宮中傳夜鈴也。』」本書顏延年《陽給事誄》「金柝夜擊」注、《北堂書鈔》「周廬擊柝」條注引衛氏書並作「刁」，則又同《漢書》。今按《玉篇·刀部》：「刀，亦姓。俗作刁。」然則，「刁斗」傳寫久已習譌成是矣。《別雅》說，實從方以智《通雅》卷三十五出而小別之。許說亦與《別雅》略同。陳校當從贛本、《漢書》等改，未免膠固，不改亦得。

相公征關右　注：曹操為丞相，故曰公也。《左氏傳》：齊侯對宰孔子曰：天威不違顏咫尺。

【陳校】

注「故曰公也」。「公」上，脫「相」字。又「宰孔」下，衍「子」字。

【疏證】

奎本以下諸六臣合注本、尤本悉有「相」、作「宰孔」。謹案：「相」字，但據正文可補。宰孔事，見《春秋左傳注疏・僖公九年》，作「孔」，蓋承上文省「宰」字爾。本書羊叔子《讓開府表》「違命誠忤天威」注引作「宰孔」，《北堂書鈔》卷一百二十「龍旗九斿」注引《管子》亦同。此毛本獨誤，陳校當從《左傳》、尤本等正之。

徒行兼宋還

【陳校】

「宋」,「乘」誤。

【疏證】

諸《文選》本咸作「兼乘」。謹案：《魏志・武帝》裴注引王詩作「兼乘」，《藝文類聚》卷五十九、《樂府詩集・相和歌辭》引並同。此毛本獨因形近而誤，陳校當從《魏志》裴注、尤本等正之。

拓地三千里　注：虞丘壽王《驃騎論功》曰：拓地萬里。

【陳校】

注「虞丘」。「虞」,「吾」誤。

【集說】

孫氏《考異》曰：「虞丘壽王」。案：《漢書》「吾丘壽王」。此作「虞丘」，蓋古字通。見《兩都賦序》下

顧按：「虞丘」即「吾丘」，《兩都賦序》有此字矣。

【疏證】

奎本以下諸六臣合注本、尤本悉同。謹案：語見漢吾丘壽王《驃騎論功論》，《藝文類聚》卷五十九引作「吾」。顧氏說是。「虞」，與「吾」（尚有「吳」）字通，所言及之「虞丘」字，見《兩都賦序》「故言語侍從之臣，若司馬相如、虞丘壽王」句下注。毛本當從尤本等，陳校非。參下張景陽《七命》「銘德於昆吾之鼎」條。

禽獸憚為犧 注：《左氏傳》曰：賓孟適郊，見雄雞自斷其尾。問之待者，曰：自憚其為犧也。遽歸告王，且曰：雞其憚為人用，異於是矣。

【陳校】

注「間之待者」。「間」，「問」誤。「待」，「侍」誤。又「異於是」上，脫「人」字。

【集說】

胡氏《考異》曰：注「異於是矣。」茶陵本「異」上有「人」字，是也。袁本自「《左氏傳》」下至此，並善入五臣。甚誤。

梁氏《旁證》曰：六臣本「異」上有「人」字。

【疏證】

尤本作「問」、「侍」。「異」上脫「人」字。奎本、贛本、建本作「問」、「侍」、「異」上有「人」字。明州本並善入五臣。謹案：事見《春秋左傳注疏·昭公二十二年》，正作「問」、「侍」、「異」上有「人」字。《藝文類聚》卷九十一、《太平御覽》卷九百十八、《古今事文類聚》後集卷四十六並作「問」、「侍」。待，與侍通，參上顏延年《秋胡詩》「自昔枉光塵」條。毛本誤從尤本，脫「人」字、「間」字，則因形近而誤。陳校當從《左傳》、尤本等補正之。

不能效沮溺

【陳校】

上五臣本多「竊慕負鼎翁，愿厲朽鈍姿」二句。

【集說】

余氏《音義》曰：「已揮」。六臣下有「竊慕負鼎翁，愿厲朽鈍姿」二句，注曰：「善無」。

孫氏《考異》曰：《音義》云：「六臣下有『竊慕負鼎翁，厲此朽鈍姿』二句」云云。

胡氏《考異》曰：袁本、茶陵本此上有「竊慕負鼎翁，願厲朽鈍姿」，云「善無此二句。」何校云：「五臣本多二句。」陳同。謹案：此恐各本所見善傳寫脫正文並注一節也。下節注「仲宣欲厲節而求仕」，蓋即指此。

張氏《膠言》曰：「不能效沮溺」上，胡中丞曰：「袁、茶二本有『竊慕

負鼎翁，願厲朽鈍姿」，云：『善無此二句。』何校云：『五臣本多二句』」云云。

梁氏《旁證》曰：「良苗實已揮」。六臣本此下多「竊慕負鼎翁，願厲朽鈍姿」二句。是也，此傳寫脫。下節注言「仲宣欲厲節而求仕」，當即指此。

姚氏《筆記》曰：何云：「不能效沮溺」上，從五臣本增「竊慕負鼎翁，厲此朽鈍姿」二句。

許氏《筆記》曰：「已揮」。六臣本下有「竊慕負鼎翁，厲此朽鈍姿」，注云：「善本無此二句」。嘉德案：「竊慕負鼎翁」二句，何云：「五臣本多此二句。」陳同。胡曰：「案：此恐各本所見」云云。胡說為是。張仲雅亦云「脫句」。又考《樂府》作《從軍行》，有此二句。是李本未必無，六臣校語未可據。今補。

黃氏《平點》曰：「不能效沮溺」句上，別本有「竊慕負鼎翁，厲此朽鈍姿」十字。

【疏證】

尤本同，上無「竊慕負鼎翁，厲此朽鈍姿」二句。五臣正德本、陳本有之。奎本以下諸六臣合注本有此二句，校云：「善本無此二句。」尤氏《考異》曰：「五臣上多『竊慕負鼎翁，願厲朽鈍姿』二句。」謹案：《樂府詩集》卷三十二亦有此二句。二句當有，前胡說是。奎本所見善本已譌脫，毛本當誤從尤本等，陳、何校蓋誤從贛本、袁本等校語耳。

（涼風）涼風厲秋節，司典告詳刑　　注：《禮記》：孟秋之月至，用始行戮。天子功命將帥，選士厲兵，以征不義。《尚書》：王曰：有邦有玉。

【陳校】

注「天子功命。」「功」，「乃」誤。又「有邦有玉。」「玉」，「土」誤。

【疏證】

奎本以下諸六臣合注本、尤本悉作「乃、土」。謹案：《禮記》，見《月令‧孟秋之月》篇，正作「乃」字。《尚書》，見《呂刑》篇，正作「土」，《冊府元龜》卷六百九同。《後漢書‧劉愷傳》「非先王詳刑之意也」章懷注引亦作「土」。毛本當並以形近而誤，陳校當從《禮記》、《尚書》、尤本等正之。

嘒然感鸛鳴 注：《毛詩》曰：我徂東山。鄭玄曰：鸛，……將陰雨而鳴。行〔者〕於陰雨九苦。

【陳校】

注「九苦」。「九」，「尤」誤。

【疏證】

奎本以下諸六臣合注本、尤本悉作「尤」。謹案：語見《毛詩注疏‧豳風‧東山》鄭《箋》，正作「尤」字。善注「行」下當有「者」字，與下句「婦人」相對。今據鄭《箋》補。

誰人獲常寧 注：《國語》：姜氏謂晉公子曰：日月不處，人誰獲安？

【陳校】

「誰人」二字，當乙。

【集說】

孫氏《考異》曰：六臣本作「人誰」。據注引《國語》「人誰獲安」，當從六臣。

梁氏《旁證》曰：毛本「人誰」誤作「誰人」。

許氏《筆記》曰：「誰人」，何改「人誰」。嘉德案：六臣本作「人誰獲常寧」，依注「人誰獲安」則作「人誰」是。

【疏證】

諸《文選》本咸作「人誰」。謹案：《樂府詩集》卷三十二亦作「人誰」。注引《國語》，見《晉語四》，正作「人誰」。此毛本獨倒。陳、何當從善注、尤本等正之。孫氏、嘉德說並是。

昔人從公旦，一徂輒三齡 注：《毛萇詩序》曰：周公東征三年而歸。

【陳校】

注「毛萇」。「萇」字，衍。

【集說】

胡氏《考異》曰：注「毛萇詩序曰。」陳曰云云。是也，各本皆衍。

梁氏《旁證》曰：陳校去「萇」字。各本皆衍。

【疏證】

　　奎本以下諸六臣合注本、尤本悉衍。謹案：本書傅武仲《舞賦》「舞以盡意」注引亦衍「莫」字。序見《毛詩注疏・豳風・東山》。善注引「小序」，例稱「《毛詩序》曰」，全書凡百三十餘處，不煩舉。此後人傳寫之譌。毛本當誤從尤本等，陳校當從本書內證正之。參下陸士衡《君子行》「棄友焉足歡」條。

夙夜自恲性　　注：《廣雅》曰：恲，忨慨也。音庚切。

【陳校】

　　注「忨慨」。「忨」，「忼」誤。又「音庚」。「音」，「普」誤。

【疏證】

　　奎本以下諸六臣合注本、尤本悉作「忼」、「普」。謹案：《廣雅》，見《釋訓》，作「恲，忼慨也。音普耕。」毛本誤「忨」、「音」。毛本二字並因形近而誤。陳校當從《廣雅》、尤本等正之。陳校改「忼」是。改作「普庚」，仍有失：蓋善音實作「普耕」字，《廣雅》、奎本、明州本、尤本可證。作「普庚」者，五臣音也。五臣正德本及陳本「恲」字下，正有「普庚」；六臣合注本「普庚」字亦在「恲」字下，並可證為五臣音。（明州本善注末有「普耕切」，其餘諸六臣合注本悉脫）毛本則是以五臣音亂善音，而傳寫復有譌耳。

將秉先登羽　　注：《東觀漢記》曰：賈復繫青犢於射大，被羽先登。

【陳校】

　　注「繫青犢於射大。」「繫」，「擊」誤。「大」，「犬」誤。

【疏證】

　　明州本、贛本、尤本、建本作「擊」、「犬」。奎本作「擊」、誤「大」。謹案：事見《東觀漢記・賈復傳》，正作「擊」、「犬」，《後漢書》同，《太平御覽》卷三百十二同《後漢書》。「繫」、「擊」音形兩近，「大」、「犬」形近，此毛本所以誤也。陳校當從史書、尤本等正之。

（從軍征）此誰當告誰　　注：《楚辭》曰：居愁期誰告？《古詩》曰：愁思當告誰？

【陳校】

　　「此誰當告誰。」上「誰」當作「愁」。

【疏證】

　　諸《文選》本咸作「愁」。謹案:《太平御覽》卷三百二十八、《樂府詩集·相和歌辭》引並作「愁」。《楚辭》,見本書《七諫·自悲》篇;《古詩》,見本書《古詩十九首·明月》篇,字皆作「愁」。此毛本獨涉下而誤,陳校當據善注、尤本等正之。

(朝發) 逍遙河是上

【陳校】

　　「是」,「隄」誤。

【疏證】

　　諸《文選》本咸作「隄」。謹案:《樂府詩集·相和歌辭》引正作「隄」。此毛本獨形近而誤,陳校當從尤本等正之。

將定一舉動　　注:《戰國策》:張儀謂秦王曰:一王而伯王之名可成也。

【陳校】

　　注「一王」。「王」,「舉」誤。

【疏證】

　　奎本以下諸六臣合注本、尤本悉作「舉」。謹案:語見《戰國策·秦策一》,正作「舉」。《韓非子·初見秦》語同,亦作「舉」。此毛本獨涉下而誤,陳校當從《戰國策》、尤本等正之。

許歷為完士　　注:《史記》曰:趙奢曰:請授令。許歷曰:請就鐵鑕之誅。

【陳校】

　　注「請授令」。「請授」,當作「謹受」。又,「請就鐵鑕之誅。」「誅」,「誅」誤。

【集說】

　　余氏《音義》曰:「請授」,何改「謹受」。

【疏證】

　　尤本作「謹受」、「誅」。奎本以下諸六臣合注本作「請受」、「誅」。謹

案：事見《史記・廉頗藺相如列傳》，字作「請受」、「誅」。「請」有「受」義。《廣韻・清韻》：「請，受也。」王筠《說文句讀・言部》：「請，《說文韻譜・十五清》複收請。疾盈反，受也。即今俗語之賵受也。」凡此，皆奎本等不誤之證。尤本作「謹」，當有別本所宗，未必據史籍。毛本作「請授」，「授」為「受」之叚字。《說文通訓定聲・孚部》：「授，叚借為受」，故同「請受」亦不誤；「誅」字，獨因形近而誤。陳、何校當從《史記》、尤本等正之。

又注：趙奢曰：有後令。邯鄲。

【陳校】

注「有後令。」「有」，「胥」誤。

【集說】

余氏《音義》曰：「有後」。「後」，何改「胥」。

胡氏《考異》曰：注「有後令。邯鄲」，何校「有」改「胥」。陳同。各本皆誤。

梁氏《旁證》同胡氏《考異》。

【疏證】

奎本以下諸六臣合注本、尤本誤同。謹案：《史記・廉頗傳》正作「胥後令」。《索隱》按：「胥、須古人通用。今者胥後令，謂胥為須。須，待也。待後令，謂許歷之言，更不擬誅之，故更待後令也。」《資治通鑑・周紀・赧王下》同。諸本皆譌，毛本當誤從尤本等，陳、何校當據《史記》正之。

我有素餐責，誠愧伐檀人 注：《毛詩》曰：寘之河之干兮。彼君子兮。

【陳校】

注「寘之河之干」。「寘」，「真」誤。

【疏證】

奎本、明州本、尤本、建本作「寘」。贛本奪「寘之」以下十字。謹案：《毛詩》，見《魏風・伐檀》篇，正作「寘」，本書鮑明遠《擬古三首（魯客）》「伐木清江湄」注引《毛詩》同。毛本刻工偶誤。陳校當從尤本、《毛詩》等正之。

雖無鉛刀用　注：班孟堅《答賓戲》曰：溺朽摩鈍鉛刀。

【陳校】

　　注「溺朽」。「溺」，「搦」誤。按《答賓戲》曰：「搦朽麾鈍，鉛刀皆能一斷」，「鈍」字絕句，「鉛刀」屬下讀。此恐脫四字。

【集說】

　　胡氏《考異》曰：注「溺朽摩鈍鉛刀」。陳曰：「《答賓戲》搦朽摩鈍」云云。案：所校是也，各本皆脫。

　　梁氏《旁證》曰：陳曰云云。

　　姚氏《筆記》曰：按注「鉛刀」下，脫「皆能一斷」四字。

【疏證】

　　奎本以下諸六臣合注本、尤本悉作「搦」、亦脫「皆能一斷」四字。謹案：《答賓戲》，載在本書，正作「搦朽摩鈍，鉛刀皆能一斷」，《漢書·敘傳上》、《藝文類聚》卷二十五引同。毛本獨因形近誤作「溺」；脫四字，則誤承尤本等。陳校當從本書內證、《漢書》、類書等正之。

（悠悠）城郭生榛棘　注：高誘《淮南子注》曰：聚未曰榛。

【陳校】

　　注「聚未」。「未」，「木」誤。

【疏證】

　　奎本以下諸六臣合注本、尤本悉作「木」。謹案：語見《淮南子·原道》篇「木處榛巢」注，字正作「木」。此毛本獨因形近致誤，陳校當從《淮南子》、尤本等正之。

客子多傷悲，淚下可收

【陳校】

　　「傷悲」當乙。「可」上脫「不」字。

【疏證】

　　奎本以下諸六臣合注本、尤本悉作「悲傷」、有「不」字。謹案：《藝文類聚》卷二十八作「悲傷」、有「不」字。「客子」，作「遊客」。《樂府詩集·相和歌辭》作「悲傷」、有「不」字，《九家集注杜詩·自京赴奉先縣詠懷五百

字》「客子中夜發」注引同。此毛本手工偶倒、脫。陳校當從《樂府詩集》、尤本等正之。

雞鳴達四境　注：《孟子》曰：齊有地矣。

【陳校】

　　注「齊有地」。「有」下脫「其」字。

【集說】

　　梁氏《旁證》曰：當作「而齊有其地矣。」

【疏證】

　　明州本、贛本、尤本、建本同。奎本無此四字。謹案：語見《孟子注疏‧公孫丑》，云：「今時易以行王化者也。夏后、殷、周之盛，地未有過千里者也，而齊有其地矣；雞鳴狗吠相聞而達乎四境，而齊有其民矣。地不改辟矣，民不改聚矣，行仁政而王，莫之能禦也。」注：「三代之盛，封畿千里耳，今齊地土、民人以足矣。不更辟土、聚民也。雞鳴狗吠相聞，言民室屋相望而眾多也。以此行仁而王，誰能止之也？」審其文義，孟子蓋言「行仁政而王」須兩個條件：辟土和聚民。今齊則「有其地」，亦「有其民」，可亟行王道。「有其民」，即指「雞鳴狗吠相聞而達乎四境」，「室屋相望而眾多」，故善注不當有「齊有其地矣」之文，奎本無者為是。明州本首作俑妄補上文，複脫「其」字，是誤中之誤。贛、尤本等遞相踵之，甚非。毛本當誤從尤本等，陳校據誤本為說，非。梁校亦非。此亦前胡漏錄、漏校例。

女士滿莊馗　注：《韓詩》曰：肅肅兔罝，施於中逵。薛君曰：馗，九交之道也。

【陳校】

　　注「中逵」。「逵」，「馗」誤。

【集說】

　　余氏《音義》曰：（正文）「馗」。五臣作「馗」，俗「馗」字。

【疏證】

　　明州本、贛本、建本誤同。奎本、尤本作「馗」。謹案：「馗」、「逵」本

通，《說文·九部》：，「馗，九達道也。逵，馗或从辵从坴。」然《毛詩》作「逵」，見《毛詩注疏·周南·兔罝》；《韓詩》作「馗」，此由注引「薛君」可證。善注既明冠「《韓詩》」，則作「馗」為是。本書鮑明遠《蕪城賦》「崢嶸古馗」注、顏延年《皇太子釋奠會作詩》「野馗風馳」注引《韓詩》並作「馗」。毛本當從建本等，陳校當從本條正文、薛君注、本書內證、尤本等正之。謹又案：正文五臣正德本作「馗」，陳本作「馗」。《字彙補·尢部》：「馗，音、義與馗同。」余氏以「馗」為「馗」之俗字，是也。此亦正德本所以勝陳本之處。本條亦可見陳校觭重、恪守經典原文之特色。

宋郊祀歌二首　　顏延年

題下注：四首

【陳校】

題注「四首」。「首」，「言」誤。

【疏證】

奎本以下諸六臣合注本、尤本悉作「言」。謹案：此毛本獨涉題「首」字而誤，陳校當從本書體例、本詩體裁、尤本等正之。

（寅威）奄受敷錫　　注：《尚書》曰：斂是五福，用敷錫厥庶民。

【陳校】

注「斂是五福。」「是」，當作「時」。

【疏證】

奎本、明州本、尤本、建本同。贛本作「時」。謹案：語見《尚書注疏·洪範》，正文正作「時」，其傳則作「是」斂是五福之道，以為教用。二字或通，然此處本引正文，固當作「時」也。毛本蓋誤從尤本等，陳校當從《尚書》、贛本等正之。此亦前胡漏錄漏校例。

亙地稱皇　　注：《燕然山銘》曰：夐其邈于亙地界

【陳校】

注「夐其邈于」。「于」，當作「兮」。

【集說】

　　胡氏《考異》曰：注「敻其邈于」。陳曰云云。是也，各本皆譌。

　　梁氏《旁證》同胡氏《考異》。

【疏證】

　　奎本、明州本、尤本、建本同。贛本作「兮」。謹案：《後漢書・班固傳》、《藝文類聚》卷七、《古今合璧事類備要》後集卷五引並作「兮」。班《銘》載在本書，亦作「兮」。毛本當誤從尤本等，陳校當從本書內證、《後漢書》、贛本等正之。

月窺來賓，日際奉土　　注：《甘泉賦》曰：東震曰域

【陳校】

　　注「曰域」。「曰」，「日」誤。

【疏證】

　　奎本以下諸六臣合注本、尤本作「日」。謹案：本書楊子雲《長楊賦》「東震日域」注：「善曰：日域，日出之域也」；鮑明遠《舞鶴賦》「帀日域以迴鶩」注引《長楊賦》同。《漢書・揚雄傳下》亦作「日」。「曰」字，毛本獨誤，蓋因形近，陳校當從尤本等正之。「《長楊賦》」，誤作「《甘泉賦》」，則諸《文選》本善注皆誤，非獨毛本也；此前胡漏校例。陳校亦未及。

六典聯事　　注：《周禮》曰：大宰之職，掌建邦之六典……一曰治典、一曰禮典、三曰教典……應劭曰：《尚書》曰：禹作司（徒）〔空〕，棄后稷、契司徒……凡禮官也。

【陳校】

　　注「一曰禮典。」「一」，「二」誤。又「凡禮官」。「禮」，「九」誤。

【疏證】

　　奎本以下諸六臣合注本、尤本悉作「二」、「九」。謹案：「《周禮》」，見《大宰之職》篇，作「二曰教典……三曰禮典」，次序與「教典」倒轉，然不得作「一」明甚。本書張平子《東京賦》「六典之舊章」注引《周禮》亦作「二」。應劭引「《尚書》曰」，《漢書・劉向傳》「臣聞舜命九官」為顏師古注，內容悉同，作「凡九官」。本書沈休文《齊故安陸昭王碑文》「伊昔帝唐九官」注引應

劭說，亦作「九」。此皆毛本獨誤，陳校當從本書內證、尤本等正之。但從本條注行文而言，亦不得為「一」，固當作「二」也。

以答神祜　注：《長楊賦》曰：受神人之福祜。

【陳校】

「祜」，「祐」誤。注同。

【疏證】

五臣正德本、陳本作「祜」，奎本、明州本同，而注譌作「祐」。贛本、尤本、建本作「祜」注同。謹案：五臣作「祜」，翰注可證。《漢書》作「祜」。師古曰：「《小雅·桑扈》之詩曰：『受天之祜。』祜，福也。音戶。」共證本條必作「祜」。毛本蓋因注誤改正文，陳校當從《漢書》、尤本等正之。又，本書《長楊賦》正文及注引《爾雅》亦誤作「祐」，《爾雅》「祐，福也」下，卻有「音怙」，注又引《毛詩》「受天之祜」，作「祜」。足證其《長楊賦》正文及《爾雅》文，皆傳寫之誤。

（維聖）敬津郊禋

【陳校】

「津」，「達」誤。

【疏證】

諸《文選》本悉作「達」。謹案：《宋書》、《南齊書·樂志》、《樂府詩集·郊廟歌辭》並作「達」。五臣亦作「達」，銑注可證。此毛本獨形近而誤，陳校當從《宋書》、尤本等正之。

廣樂四陳　注：《史記》曰：趙簡子病，寤寐曰：我與百神聽於鈞天廣樂矣。

【陳校】

注「寐曰」。「寐」字衍。又「鉤天」。「鉤」，「鈞」誤。

【集說】

胡氏《考異》曰：注「寤寐曰」。陳云「寐字衍。」是也，各本皆衍。

梁氏《旁證》曰：陳校去「寐」字。各本皆衍。

【疏證】

奎本無「寐」字。明州本、贛本、尤本、建本衍同。上述諸本悉作「鈞」。謹案：《史記》見《趙世家》，正無「寐」字、作「鈞」。《通志·趙世家》並同。「寤」字，段注《說文·癢部》據釋玄應引《倉頡篇》：「覺而有言，曰寤」。然則，奎本外，諸本「寐」字之衍，可必。毛本衍字，當誤從尤本等；「鉤」字，傳寫獨因形近而譌耳。陳校當從《史記》等正之。「寤寐」字，毛本作「窹寐」，蓋用俗字，宜正之。

陟配在京　注：《毛詩》曰：三后在天，陟配在京。

【陳校】

注「陟配在京。」「陟」，「王」誤、「在」，「于」誤。

【集說】

胡氏《考異》曰：注「陟配在京。」陳曰云云。案：所校是也，此但涉正文誤耳。

梁氏《旁證》同胡氏《考異》。

許氏《筆記》曰：嘉德案：注「陟配在京。」當作「王配于京」。

【疏證】

明州本、尤本、建本誤同。奎本、贛本作「王」、「于」。謹案：語見《毛詩注疏·大雅·下武》，正作「王」、「于」字，本書陸士衡《文賦》「詠世德之駿烈」注、潘安仁《關中詩》「三祖在天」注引《毛詩》並同。毛本誤從尤本等，陳校當從《毛詩》、本書內證、贛本等正之。

降聽在民　注：《禮詩》曰：后王命冢宰，降聽于兆民。

【陳校】

「聽」，「德」誤，注同。又「《禮詩》」。「詩」，「記」誤。

【集說】

孫氏《考異》曰：「降德在民。」「德」，誤「聽」。

許氏《筆記》曰：「降聽」。何改「降德在民」。嘉德案：注中「降德」，亦誤「降聽」。

【疏證】

　　奎本以下諸六臣合注本、尤本正文並注作「降德」，五臣正德本、陳本作
「降德」。謹案：《宋書・樂志・天地郊迎送神歌》、《玉海》卷九十三、《樂府
詩集・郊廟歌辭》並作「降德」。注《禮記》，見《內則》篇，字正作「德」。
本書顏延年《三月三日曲水詩序》「后王布和之辰」注引「后王」云云，亦冠
「禮記」。作「聽」、作「詩」三處，毛本並因形近傳寫而譌，陳、何當據《禮
記》、尤本等校正之。

告成大報　注：《禮記》曰：鄭玄曰：僚柴祭天，告以諸侯之成功。

【陳校】

　　注「僚柴」。「僚」，「燎」誤。

【疏證】

　　奎本以下諸六臣合注本、尤本悉作「燎」。謹案：語見《禮記注疏・禮器》
篇，今本作「燔」，《北堂書鈔》卷九十「燔柴祭天」注引《禮器》同。燎，古
祭名。本作寮，焚柴（柴）祭天也。毛本獨因形近而譌，陳校當從尤本等正
之。

星驅扶輪　注：《羽獵賦》曰：齊桓〔公〕曾不足使扶輪。《羽獵賦》曰：
風謝謝其扶輪。

【陳校】

　　注「《羽獵賦》：風謝謝其扶輪。」按《羽獵賦》中無此句，所引賦名疑有
誤。或用《甘泉賦》「風淜淜而扶轄」，並譌四字耳。

【集說】

　　胡氏《考異》曰：注「齊桓公曾不足使扶輪。《羽獵賦》曰。」案：……
「羽」上當脫撰人姓名。

　　張氏《膠言》曰：注引「《羽獵賦》云：風謝謝其扶輪。」賦上脫撰人姓
名，此非揚子雲《羽獵賦》也。

　　梁氏《旁證》曰：胡公《考異》曰云云。

【疏證】

　　奎本以下諸六臣合注本、尤本悉同。謹案：因「風謝謝其扶輪」，不見楊

雄《羽獵賦》，陳疑或用其《甘泉賦》，前胡則以為出他人同名作。按之本書魏文帝《芙蓉池作》「驚風扶輪轂，飛鳥翔我前」注引張衡《羽獵賦》曰：「風颯颯其扶輪」。比勘善注祗異二字，而《甘賦》一句惟「風」、「扶」二字同，「並譌四字」，可證前胡所見略勝陳氏。然尚有可議：上「齊桓」云云，確係楊《賦》，正以釋「扶輪」，故下何必複引張《賦》？竊以為善注所引本惟楊《賦》。「風翽翽其扶輪」六字，蓋他人批注改用張《賦》而失主名，後人誤入善注耳。毛本當誤從尤本等，陳校亦非是。

樂府（二）〔三〕首　古詞

飲馬長城窟行

題下注：酈善長《水經》曰：余至長城，其下往往有泉窟可飲馬。

【陳校】

　　題注「水經」下，脫「注」字。

【集說】

　　朱氏《集釋》曰：案：《水經》下脫「注」字。此見《河水三》篇。

【疏證】

　　奎本以下諸六臣合注本、尤本悉脫。謹案：今本《水經注·河水》作：「余每讀《琴操》，見《琴慎相和雅歌錄》云：『《飲馬長城窟》，及其跋陟斯途，遠懷古事，始知信矣非虛言也。』」趙一清《水經注釋》卷三注云：「按李善《文選》注引『酈善長《水經注》曰：余至長城，其下往往有泉窟可飲馬。古詩《飲馬長城窟行》信不虛也。』蓋隳括其辭，此引書抄變之例也。」《隋書·經籍志二》：「《水經》四十卷，注：酈善長注。」上引諸書並有「注」字。毛本當誤從尤本等，陳校當從《水經注》、《隋書》等正之。本條亦古人引注逕稱其書例。李善注此類甚多，不勝改焉。

展轉不可見　注：《字書》曰：輾，亦展字也。《說文》曰：展，轉也。

【陳校】

　　「展轉不可見」「展」，「輾」誤。

【疏證】

　　五臣正德本及陳本、明州本、贛本、建本同。奎本、尤本作「輾」。謹案：《藝文類聚》卷四十一、《古今事文類聚》別集卷二十六、《玉臺新詠》卷一併作「展」。五臣作「展」，向注可證。由善注先引《字書》，次及《說文》，可證善本作「輾」。善與五臣有別。奎本依例當作「展」，複失著校語「善作輾」云。明州本遂以五臣亂善，贛本以下不能辨而誤踵之耳。毛本誤從建本等，陳校當從尤本等正之。

書中竟如何

【陳校】

　　「書中」，當作「書上」。「如何」，當乙。

【集說】

　　余氏《音義》曰：「書中」。何曰：宋本「中」作「上」。

　　胡氏《考異》曰：「書上竟何如。」袁本、茶陵本「上」作「中」，是也。

　　梁氏《旁證》曰：六臣本「上」作「中」，是也。《玉臺新詠》亦作「中」。

　　許氏《筆記》曰：「如何」，當作「何如」。嘉德案：六臣茶、袁本作「何如」。又上文「遺我雙鯉魚」。《丹鉛錄》云：「《古樂府詩》：『結成雙鯉魚。要知心裏事，看取腹中書。』據此詩，古人尺素結為魚形，即緘也。『遺我雙鯉魚』，即此。五臣及劉履謂：『古人多於魚腹寄書，引陳涉罩魚倡禍事證之』，殊為乖謬。」張曰：「魚腹寄書，相傳有是言，原無足信，然結素成魚之說，亦無可據。」嘉德謂：魚腹安可傳書？升庵引《古樂府》「結素成魚」，可信也。

【疏證】

　　諸《文選》本咸作「何如」。奎本以下諸六臣合注本並作「中」、尤本作「上」。謹案：「如」字與上聯「書」字韻。五臣亦作「何如」，銑注可證。毛本獨倒，陳校當從尤本等乙之。毛本「中」字，當從建本等，亦無不可，《藝文類聚》卷四十一、《古今事文類聚》別集卷二十六、《樂府詩集·相和歌辭》並同。前胡即主作「中」也。尤本作「上」，當從《玉臺新詠》卷一，陳、何校蓋從尤本、《玉臺新詠》爾。梁氏所謂「《玉臺新詠》作中」，書名可能是清·紀容舒「《考異》」之譌耳。

傷歌行

昭昭素月明

【陳校】

舊刻作「明月」。

【集說】

孫氏《考異》曰：六臣本作「明月」。何敬祖《雜詩》注引此句，亦作「明月」。

胡氏《考異》曰：「昭昭素月明。」袁本、茶陵本「月明」作「明月」，是也。陳云：別本作「明月」。前《月賦》注、後何敬祖《雜詩》注引皆作「明月」，可證。

梁氏《旁證》曰：六臣本「月明」作「明月」，是也。本書前《月賦》注、後何敬祖《雜詩》注並引作「明月」，可證。

胡氏《箋證》曰：《旁證》云六臣本「月明」作「明月」云云。

【疏證】

尤本同。五臣正德本及陳本、奎本以下諸六臣合注本作「明月」。謹案：《樂府詩集‧雜曲歌辭》作「明月」。《玉臺新詠》亦作「明月」，然為魏明帝《樂府詩二首》之第一首惟少「佇立」末二句。毛本當從尤本，未知尤本所據。檢任淵注《后山詩注‧十五夜月》「歸懷託素暉」注：「《文選‧樂府》云：昭昭素月明。」任淵生南北宋之間，時代稍早於尤袤，未必及見《文選》尤本，然則，此亦可佐證尤本蓋別有所宗也。陳校此所謂「舊刻」，當指贛本等六臣合注本耳。《月賦》見「素月流天」句注、何氏《雜詩》，見「廣庭發暉素」句注引。

耿耿在何長

【陳校】

「在」，「夜」誤。

【疏證】

諸《文選》本皆作「夜」。謹案：《藝文類聚》卷四十二、《玉臺新詠》卷二、《記纂淵海》卷七十一併同。五臣亦作「夜」，翰注可證。此毛本獨因形近

而誤，陳校當從總集、類書、尤本等正之。

長歌行

題下注：魏武帝《燕歌行》曰：短歌微吟不能長。

【陳校】

題注「魏武」。「武」，當作「文」。

【集說】

胡氏《考異》曰：注「魏武帝《燕歌行》曰。」陳曰云云。是也，各本皆誤。

梁氏《旁證》曰：陳校「武」，改「文」。各本皆誤。

【疏證】

奎本以下諸六臣合注本、尤本誤同。謹案：注「短歌微吟」句，正出本書魏文帝《燕歌行》，《玉臺新詠》卷九、《樂府詩集·相和歌辭》並同。毛本誤從尤本等，陳校當從本書內證、《玉臺新詠》等正之。

老大乃傷悲

【陳校】

「乃」，「徒」誤。

【集說】

余氏《音義》曰：「乃」。何曰：宋本「徒」。

孫氏《考異》曰：何曰云云。志祖按：五臣作「徒」。

梁氏《旁證》曰：六臣本「乃」作「徒」。

許氏《筆記》曰：何曰云云。「乃」字勝。嘉德案：六臣本五臣作「徒」，善作「乃」。

黃氏《平點》曰：「乃」，別本作「徒」。

【疏證】

尤本同。五臣正德本及陳本作「徒」，奎本以下諸六臣合注本同，並有校云：善作「乃」。謹案：尤氏《考異》曰：「五臣乃作徒。」《藝文類聚》卷四十二作「徒」。本書漢武帝《秋風辭》「少壯幾時兮奈老何」注引作「乃」。《樂

府詩集・相和歌辭》「長歌行序」，引《樂府解題》作「乃」，而詩仍為「徒」。既善與五臣有別，又從本書內證言，尤本、毛本作「乃」合是，陳、何校從五臣，則非。

怨歌行一首　　班婕妤

題下注：《歌錄》曰：《怨歌行》，古辭。然言古者有此曲，而班婕妤擬之。……婕妤充園陵，薨。

【陳校】

題注「婕妤」字，並譌「好」。

【疏證】

題注「婕妤」字，凡五見，奎本以下諸六臣合注本、尤本悉作「妤」。謹案：本書鮑明遠《樂府詩・白頭吟》「班去趙姬昇」注引「班婕妤失寵，已見班婕妤《怨詩》」，並作「妤」不誤。此毛本手工偶譌，陳校當應手可正，無煩披本書內證、尤本等矣。

樂府二首　　魏武帝

魏武帝　注：《魏志》曰：舉孝廉為郎，遷南頓令。

【陳校】

「魏武」注。「南頓」，當作「頓丘」。

【集說】

胡氏《考異》曰：注「遷南頓令。」陳曰云云。案：所校是也。《魏志・武帝紀》及裴注俱可證，各本皆誤。蓋東郡之頓丘也。

張氏《膠言》曰：「魏武帝」下注引「《魏志》：舉孝廉為郎，遷南頓令。」胡中丞云：「南頓，當作頓丘」云云。雲璈按：所校是也。若是南頓，屬汝南郡。《漢書》注：「故頓子國迫於陳，其後南徙，故號南頓。」又《魏紀》裴注：「武帝舉孝廉為郎，除北部尉，造五色棓，縣門左右各十餘枚。有犯禁者，不避豪彊皆棓殺之。後靈帝愛幸小黃門蹇碩叔父夜行，即殺之。京師斂迹，莫

敢犯者。近習寵臣咸疾之，然不能傷，於是共稱薦之，故遷為頓丘令。」據此，非舉孝廉即為頓丘也。李氏節引之，似未明析。

梁氏《旁證》曰：陳校曰云云。是也。各本皆誤。胡公《考異》曰：「《魏志・武帝紀》及裴注俱可證。蓋東郡之頓丘也。」

許氏《筆記》曰：注「南頓令」。當作「頓丘令」。嘉德案：胡云「蓋東郡之頓丘也。」又考南頓屬汝南郡。《漢書》注：「故頓子國廼於陳」云云。又《魏紀》裴注：「武帝舉孝廉為郎……故遷為頓丘令。」然則，非舉孝廉即為頓丘令也。李氏蓋節引之，作「南頓」者，譌也。

【疏證】

奎本以下諸六臣合注本、尤本誤同。謹案：裴注，見《三國志・魏志・武帝紀》：「年二十，舉孝廉為郎，除洛陽北部尉，遷頓丘令」云云下，正作「頓丘」字。《通志・魏・武帝紀》同。此陳、何不熟《國志》不能辦也。嘉德校蓋糅合胡、張二家說耳。

短歌行

唯有杜康 注：《博物志》曰：杜康作酒。王著《與杜康絕交書》曰：（東）〔康〕字仲寧。或云：黃帝時宰人，號酒宋玄守。

【陳校】

注「酒宋玄守」。當作「酒泉太守」。所引《博物志》，恐尚有誤。

【集說】

朱氏《集釋》曰：注引「《博物志》曰：……號酒泉太守。」案：《說文・巾部》「帚」下云：「古者，少康初作箕帚秫酒。少康，杜康也。葬長垣。」段氏謂：「嫌即夏少康，故釋之。」「酒」下又云：「儀狄作酒醪，杜康作秫酒。」見《世本》，在《博物志》前，而注失引。若王著語，則段云：「以文為戲，未可為典要。」是已。

【疏證】

奎本以下諸六臣合注本、尤本悉作「酒泉太守」。謹案：此毛本傳寫獨因形近譌，陳校當從尤本等正之。朱說可備參考。

周公吐哺 注：《韓詩外傳》曰：周公誠之曰：無以魯國驕士。吾，文王之子，武王之弟也成王叔父也。

【陳校】

注「武王之弟也」。「也」，當作「而」。

【疏證】

奎本諸六臣合注本、尤本同。謹案：語見《韓詩外傳》卷三，然今本「弟」下無「也」字，亦不作「而」。惟見蘇轍《古史・魯周公世家》作「武王之弟而王之叔父也。」造語精潔，以「而」代「成」，蓋周公誠伯禽，不當用「成」字。陳校宗之，然尚衍「成」字。毛本當誤從尤本等。

苦寒行

車輪謂之摧 注：《呂氏春秋》：高誘曰：羊腸，其山盤紆如羊腸。在太源晉陽北。

【陳校】

「謂」，「為」誤。注「在太源」。「源」，「原」誤。

【集說】

孫氏《考異》曰：「車輪為之摧。」「為」誤「謂」。

姚氏《筆記》曰：《苦寒行》注云云。何云：「山在晉陽，自是高誘之誤。曰『北』，則益誤。」

許氏《筆記》曰：「謂之」，當作「為之」。嘉德案：張曰：「《漢書・地理志》：上黨郡壺關縣有羊腸阪，故詩有『羊腸阪詰屈，車輪為之摧』句。」「為」作「謂」，譌。

【疏證】

諸《文選》本咸作「為」。奎本以下諸六臣合注本、尤本「原」。謹案：《海錄碎事》卷三上引《選》作「為」。五臣作「為」，濟注可證。毛本獨作「謂」。然「謂」，與「為」通，已見上左太沖《吳都賦》「略舉其梗概」條，毛本未必誤。陳校當從尤本等。兩存可也。今本《呂氏春秋・有始覽》：「岐山太行，羊腸孟門」高注：「太行，在河內野王縣北。羊腸，其山盤紆，譬如羊腸。」並無「在太」以下六字。證姚以「在太」六字為高注，誤。而任氏《山

谷內集詩注·以小團龍及半挺贈无咎並詩——》「煎成車聲繞羊腸」注云：
「《文選·魏武苦寒行》曰：『羊腸阪詰曲，車輪為之摧』注引『《呂氏春秋·
九山》曰：太行、羊腸，其山盤紆如羊腸。在太原晉陽北。』」正作「太原」。
亦明「在太」六字為善注，非高注。毛本作「源」，蓋傳寫音近誤，陳校當據
尤本等正之。

迷感失故路

【陳校】

「感」，「惑」誤。按：建安十年，高幹復叛。自並州入濩澤，攻河東，不
克。明年，魏武自將擊之。既拔壺關，幹出奔，見殺。並州悉平。濩澤，即今
澤州也。是詩當是征幹時所作。

【疏證】

諸《文選》本咸作「惑」。謹案：《樂府詩集·相和歌》、《文章正宗》卷二
十二上引作「惑」，本書謝靈運《登石門最高頂》注引同。此毛本獨以形近而
誤，陳校當從本書內證、尤本等正之。本條陳校兼考本詩作時。

樂府二首　魏文帝

善哉行

薄暮苦饑　注：《古豔歌》曰：腸中常苦飢。

【陳校】

「饑」，「飢」誤。

【疏證】

奎本以下諸六臣合注本文並作「饑」、注作「飢」。尤本文並注作「飢」。
五臣正德本作「饑」、陳本作「飢」。謹案：《宋書·樂志》三作「饑」。而《藝
文類聚》卷四十一、《樂府詩集·相和歌辭》作「飢」。「饑」，與「飢」通。《爾
雅注疏·釋天》：「穀不熟為饑。」釋文：「饑，本或作飢。」《墨子·七患》：
「五穀不收，謂之飢。」《管子·五輔》：「纖嗇省用，以備飢饉。」皆是其證。
毛本文及注概從六臣合注本，陳校當據注及尤本改，然亦不必改焉。

霜露沾衣　注：《說苑》曰：孺之不覺露之沾衣。

【陳校】

　　注「孺之」。「之」，「子」誤。

【集說】

　　余氏《音義》曰：「孺之」。「之」，何改「子」。

【疏證】

　　奎本以下諸六臣合注本、尤本悉作「子」。謹案：事見《說苑・正諫》，作「少孺子」。任氏《山谷內集詩注・自巴陵略平江臨湘入通城——》「山行十日雨霑衣」注引、本書王仲宣《七哀詩（荊蠻）》「白露霑衣衿」注引並作「子」。此毛本或音近涉下而誤。陳校所據，當是《說苑》、本書內證、尤本等耳。

憂來無方，人莫之知　注：言……今憂來仍無定方，而人皆莫能知之。《說苑》曰：心悅存兮君不知。

【陳校】

　　注「仍無定方」。「仍」，「乃」誤。又「心悅存兮」。「存」，「君」誤。

【疏證】

　　奎本以下諸六臣本、尤本悉作「仍」。「存」字，明州本、建本同。奎本、贛本、尤本作「君」。謹案：毛本「仍」，疑「仍」之俗譌字。《說苑》，見《善說》篇，正作「君」。《北堂書鈔》卷一百六「擁楫而歌」注、卷一百三十四「繡被」注、卷一百三十八「越人擁楫」注引並同。毛本「存」，當誤從建本等，陳校當從《說苑》、尤本等正之。

人生如寄　注：《尸子》曰：老萊子曰：……。寄者，固也。

【陳校】

　　注「固也」。「固」下，脫「歸」字。

【集說】

　　胡氏《考異》曰：注「寄者，固也。」陳曰云云。是也，各本皆脫。餘屢引可證。

梁氏《旁證》曰：陳校「固」下添「歸」字。各本皆脫。

【疏證】

奎本以下諸六臣合注本、尤本悉脫。謹案：本書陸士衡《樂府十七首·豫章行》「寄世將幾何」注、《古詩十九首·青青》「人生天地間，忽如遠行客」注引《尸子》「固」下，正並有「歸」字。王氏《困學紀聞·評詩》：「《吳語》：『越王告吳王曰：民生于地上，寓也。』[《尸子》]老萊子曰：『人生於天地之間，寄也。寄者，固歸［也］。』王氏《紀聞》「老」上「尸子」字、「歸」下「也」字，並據本書陸士衡《豫章行》注引「《尸子》」補。《古詩》：『人生忽如寄』，本於此。」陸士衡《弔魏武帝文》「夫始終者萬物之大歸，生死者性命之區域」注作：「寄者，同歸也。」同，當「固」之譌。毛本脫蓋從尤本，陳校當從本書內證補之爾。

載馳載驅，聊以忌憂　注：《毛詩》曰：載馳載驅，歸言衛侯。《楚辭》曰：聊媮娛以忘憂。又曰：駕言出游，以寫我憂。

【陳校】

「忌」，「忘」誤。又注「歸言」。「言」，「唁」誤。又「又曰」，當作「《毛詩》」。

【集說】

胡氏《考異》曰：注「又《毛詩》曰」。茶陵本無「又」字，是也。袁本亦衍。

【疏證】

奎本以下諸六臣合注本、尤本悉作「忘」、「唁」。「又曰」字，贛本同。奎本、明州本、尤本作「又《毛詩》曰」，建本作「《毛詩》曰」。謹案：毛本誤作「忘」、「唁」者，蓋因形近，陳校當據《毛詩》、《楚辭》正之。「歸唁衛侯」，見《毛詩·鄘風·載馳》；「以寫我憂」，則出《邶風·泉水》。兩引《毛詩》，中既間以《楚辭》，則下引「《毛詩（泉水）》」前，固不得用「又曰」。毛本作「又曰」者，或從贛本。建本（茶陵本所出）、前胡似是。然竊別有一說：「又曰」字本承上《毛詩》而來，因非同一首，故用「又曰」，中不得間以他書，況且引《泉水》已可釋下句「聊以忘憂」，故祇須乙「《楚辭》」以下九字於注末，不必刪一字，即可告成大功。此或更合善本原貌。

燕歌行

題下注：《歌錄》曰：燕，地名，猶楚苑之類。

【陳校】

  題注「楚苑」。「苑」，當作「宛」。

【疏證】

  贛本、建本同。奎本、明州本、尤本作「宛」。謹案：宛，楚地名，秦隸南陽郡。《漢書・地理志下》：「潁川南陽本夏禹之國……宛，西通武關，東受江淮，一都之會也。宣帝時鄭弘、召信臣為南陽太守。」《太平寰宇記》卷一百四十二「《南陽郡・人物》」：「范蠡，楚宛三戶人。」並其驗。毛本蓋誤從建本等，陳校當從史地常識、尤本等正之。

草木搖落露為霜　注：《毛詩》曰：白路為霜。

【陳校】

  注「白路」。「路」，「露」誤。

【疏證】

  奎本以下諸六臣合注本、尤本悉作「露」。謹案：《毛詩》，見《秦風・蒹葭》篇，正作「露」。《藝文類聚》卷八十二、《北堂書鈔》卷一百五十二、《太平御覽》卷十二、卷十四等引、本書左太沖《蜀都賦》「白露凝」注、張平子《思玄賦》「遒白露之為霜」注、左太沖《雜詩》「白露為朝霜」注引並同。毛本蓋獨因音近而誤，陳校不必披《毛詩》、本書內證、尤本等，應手可正之爾。

羣燕辭歸雁南翔　注：《禮記》曰：鴻雁來，玄鳥歸。鄭文曰：玄鳥，燕也。

【陳校】

  注「鄭文」。「文」，「玄」誤。

【集說】

  余氏《音義》曰：「鄭文」。何「文」改「玄」。

【疏證】

奎本以下諸六臣合注本、尤本悉作「玄」。謹案：語見《禮記注疏‧月令》鄭玄注，本書《古詩十九首（明月）》「玄鳥逝安適」注引同。毛本或因「玄」字避諱闕筆，形近「文」而誤，陳校當亦應手可正，無待從尤本等也。

不覺淚下霑衣裳　注：《古詩》曰：淚下占衣裳

【陳校】

注「占」，「霑」誤。

【疏證】

奎本以下諸六臣合注本、尤本悉作「霑」。謹案：本書《古詩十九首（明月）》作「沾」。班叔皮《北征賦》「泣漣落而霑衣」注引《古詩》亦作「霑」。「沾」與「霑」同。《集韻‧鹽韻》：「霑，通作沾」。毛本獨因音近而誤，陳校當從本書內證、尤本等正之。

爾獨何辜恨河梁　注：《史記》曰：牽牛為犧牲，其比織女，天女孫也。

【陳校】

「恨」，「限」誤。注「其比織女。」「比」，「北」誤。「織女」下，當更有「織女」二字。

【疏證】

五臣正德本及陳本、奎本、明州本、贛本作「恨」，尤本、建本作「限」。奎本以下諸六臣合注本、尤本悉作「北」、「織女」下重「織女」二字。謹案：語見《史記‧天官書》，正作「北」、「織女」下重「織女」。本書曹子建《洛神賦》「詠牽牛之獨處」注引作「北」、亦脫「織女」二字。毛本獨傳寫形近而譌「比」字，「織女」涉下誤刪；陳校當據《史記》、尤本等補正之。五臣作「恨」，似有銑注可證，然審銑曰「牽牛、織女二星名。隔天河相望。婦人自恨與夫離絕，故問此星何辜復如此矣」云云，是婦人所恨者，自恨也，非天河也。所問者，織女何罪為天河所限，夫婦離絕如自身也。蓋五臣本初亦作「限」，「恨」字，乃淺人以「河梁」為其直接賓語誤改耳。毛本乃誤從贛本等，陳校蓋從尤本等正之。

樂府詩四首　曹子建

箜篌引

題注：《漢書》曰：塞南越，禱祠太一后士。作坎侯……應劭曰：使樂人侯調作之，取其坎坎應節也……曰以其姓號名曰坎侯。

【陳校】

題注「太一后士」。「士」，「土」誤。又「曰以其姓號」。「曰」，「因」誤。

【集說】

朱氏《集釋》曰：標題下注引「《漢書》曰：『塞南越，禱祠太一后土。作坎侯……』應劭曰：『使樂人侯調作之，取其坎坎應節也……因以其姓號，名曰坎侯。』」案：所引《漢書》，見《郊祀志》。

【疏證】

奎本以下諸六臣合注本、尤本悉作「土」、「因」。謹案：《漢書・郊祀志》，正作「土」字，《史記・封禪書》、應劭《風俗通義・聲音・空侯》同。毛本皆以形近而誤，陳校當從《漢書》、尤本等正之。

親友從我遊　注：《漢書》曰：賢大夫有肯從我遊者，吾能尊顯也。

【陳校】

注「吾能尊顯也」。「也」，「之」誤。

【集說】

胡氏《考異》曰：注「吾能尊顯也。」陳曰云云。是也，各本皆譌。
梁氏《旁證》曰：陳校「也」改「之」。各本皆誤。

【疏證】

奎本以下諸六臣合注本同。尤本作「之」。謹案：語見《漢書・高帝紀下》，正作「之」字。《古今合璧事類備要》前集卷三十七「郡守勸駕」注同。毛本當誤從建本等，陳校當從《漢書》、尤本正之。

中廚辨豐膳

【陳校】

「辨」,「辦」誤。

【集說】

顧按:「辨」,即「辦」字。

【疏證】

贛本同。五臣正德本及陳本、奎本、明州本、尤本、建本作「辦」。謹案:《宋書・樂志》、《藝文類聚》卷四十二、《古今事文類聚》續集卷十三、嘉定本《曹子建集》卷六、《樂府詩集・相和歌辭》並作「辦」。辨,與辦通。《說文・刀部》:「辧,从刀,俗作辨。……古辧別、幹辨無二義,亦無二形二音也」。辦,為辧之俗。《說文新附》:「辦,致力也。」鈕樹玉《說文新附考》:「辦,即辧之俗體。」今按經史,辦、辧、辨、辯並通。顧按是也。毛本不無來歷,陳校當從尤本等,然無煩更改也。

烹羊宰肥上

【陳校】

「上」,「牛」誤。

【疏證】

諸《文選》本咸作「牛」。謹案:《宋書・樂志》、《藝文類聚》卷四十二、《古今事文類聚》續集卷十三、嘉定本《曹子建集》卷六、《樂府詩集・相和歌辭》並作「牛」。此毛本或從壞字。作「上」,與上下聯韻亦不合。陳校當從尤本等正之。

秦箏何慷慨　注:《楚辭》曰:使秦箏而彈徵。

【陳校】

注「使秦箏」。「使」,「挾」誤。

【集說】

余氏《音義》曰:「使秦」。「使」,何改「挾」。

梁氏《旁證》曰:六臣本、尤本「使」作「挾」,是也。

【疏證】

奎本以下諸六臣合注本、尤本悉作「挾」。謹案：語見《楚辭章句·愍命》，今本作「挾人箏而彈緯」，亦作「挾」。本書曹子建《贈丁翼》「秦箏發西氣」注、張景陽《七命》「音朗號鐘」注引並作「挾」。毛本獨形近而誤，陳、何校當從本書內證、尤本等正之。

樂飲過三爵　注：《禮記》曰：吾子之飲酒也。

【陳校】

注「吾子」。「吾」，「君」誤。

【疏證】

奎本以下諸六臣合注本、尤本悉作「君」。謹案：語見《禮記注疏·玉藻》，字正作「君」。《北堂書鈔》卷八十二「一爵酒如也」注、《白孔六帖》卷十二「坐取」注、《事類賦》卷十七「故三爵以退」注引亦作「君」。此毛本獨形近而誤，陳校當從《禮記》、尤本等正之。

王稱千金壽

【陳校】

「王」，「主」誤。

【疏證】

諸《文選》本咸作「主」。謹案：《藝文類聚》卷四十二、《樂府詩集·相和歌辭》、嘉定本《曹子建集》亦作「主」。五臣亦作「主」，濟注可證。此毛本獨誤，陳校當從曹《集》、尤本等正之。

（聲）〔磬〕折欲何求　注：《尚書大傳》曰：諸侯卒受命周公，莫不磬折。

【陳校】

注「諸侯卒」。「卒」，「來」誤。

【疏證】

奎本以下諸六臣合注本、尤本悉作「來」。謹案：語見《尚書大傳·洛誥傳》，字正作「來」，本書阮嗣宗《詠懷詩·昔日》「磬折似秋霜」注引亦

作「來」。毛本獨因形近而誤，陳校當從《尚書大傳》、本書內證、尤本等正之。

盛時不可再，零落歸山丘　注：《古董逃行》曰：年命舟舟我遒，零落不歸山丘。毛萇《詩傳》曰：遒，終也。

【陳校】

　　「盛時不可再」下，脫「百年忽我遒。生存華屋處」二句。又注「我遒」。「遒」，「遒」誤。又「不歸」。「不」，「下」誤。又「遒，終也」。「遒」，「遒」誤。

【集說】

　　梁氏《旁證》曰：毛本此下脫「百年忽我遒。生在華屋處」十字。

【疏證】

　　諸《文選》本悉有「百年」二句。奎本以下諸六臣合注本、尤本注悉作「遒」、「下」、「遒」。謹案：《藝文類聚》卷四十二、《太平御覽》卷四百九十七、《冊府元龜》卷七百九十二及卷九百五十三、嘉定本《曹子建集》並有「百年」二句。《宋書·樂志》三，題《東阿王詞四解》作「盛時不再來，百年忽我遒」在三解末，下接四解「驚風飄白日，光景馳西流。生存華屋處，零落歸山丘」云。考《樂府詩集·相和歌辭》，「盛時」「百年」一聯為三解末者，為「晉樂」；其居「生存」、「零落」一聯上者，為『本辭』。因知，蕭《選》所從者本辭爾。毛萇語，見《大雅·卷阿》「似先公酋矣」《傳》，作「酋，終也。」酋，與遒通。《說文通訓定聲·孚部》「酋，段借為遒。」本書沈休文《宿東園》「飛光忽我遒」注引《古董逃行》作「遒」（下無「零落」句）；潘安仁《秋興賦》「悟時歲之遒盡兮」注、《寡婦賦》「時歲忽其遒盡」注引毛《傳》，皆作「遒」。此毛本正文傳寫偶奪，注誤則皆因形近耳。陳校當從本書內證、尤本等正之。

美女篇

皓腕約金鐶　注：鐶，釧也。

【陳校】

　　「錢」，「鐶」誤。

【集說】

梁氏《旁證》曰：毛本「鐶」誤作「錢」。

許氏《筆記》曰：「鐶」，何改「環」。《復古編》云：「環，璧也。肉好若一，謂之環。別作鐶，非。」嘉德案：《爾雅·釋器》曰：「肉好若一，謂之環。……」《說文》：「環，從玉睘聲。」訓與《爾雅》同。引伸為圍繞無端之義。《說文·金部》無「鐶」字。古訓「環」字，但作「環」，取圍繞之義，後字乃從「金」。茶陵本注作「環」，是也。

【疏證】

諸《文選》本悉作「環」，六臣合注本、尤本並善注同。謹案：《太平御覽》卷三百八十一作「鐶」。《藝文類聚》卷十八、嘉定本《曹子建集》卷六、《玉臺新詠》卷二、《樂府詩集》卷六十三等悉作「環」。據注可證當作「鐶」。「鐶」，同「環」。楊雄《太玄經》：「錘以玉鐶。」可證。毛本獨因形近而誤，陳校當從注文、曹《集》、尤本等正之。二許據《爾雅》、《說文》以「鐶」為後出，亦是。然善注作「鐶」，仍宜從之。

珊瑚間木難　注：《南越志》曰：木難，金翅鳥沫所成碧也珠也。

【陳校】

注「所成碧也珠」。「也」，「色」誤。

【疏證】

奎本以下諸六臣本、尤本悉作「色」。謹案：五臣良注亦作「色」。《太平御覽》卷八百九引《南越志》、宋·程大昌《演繁露續集》卷四引曹詩、《通志》卷一百九十六「大貝木難」注引並作「色」。此毛本傳寫獨譌。陳校當從尤本等正之。

休者以忘餐　注：杜篤□ 空脫一字 祝曰：懷（秀）〔季〕女使不餐。

【陳校】

注「杜篤」下空處，脫「禊」字。

【疏證】

奎本以下諸六臣合注本、尤本悉有「禊」字。謹案：本書曹子建《洛神賦》「華容婀娜，令我忘飡」注引正作「禊祝」。毛本或因漫漶空缺，陳校當從

本書內證、尤本等正之。

容華耀朝日　注：(《韓詩》)薛君曰：詩人言所說者，顏色盛也，言羨如東方之日出也。

【陳校】

注「言羨如東方」。「羨」，「美」誤。

【集說】

胡氏《考異》曰：注「顏色盛也言美」。案：「也言」二字不當有。各本皆衍。前《神女賦》、《秋胡詩》，後《日出東南隅行》引皆不誤，可證也。

【疏證】

奎本以下諸六臣本、尤本悉作「美」。謹案：本書宋玉《神女賦》「耀乎若白日」注、顏延年《秋胡詩》「明艷侔朝日」注、《日出東南隅行》「淑貌耀皎日」注引並作「美」。毛本蓋因「美」、「羨」形近而誤。陳校當從本書內證、尤本等正之。又案：諸六臣合注本、尤本注「美」上皆衍「也言」二字，上引一賦二詩皆不誤，前胡《考異》已言及。

盛年處房室，中夜起長歎　注：蘇武《答李陵詩》曰：盛年行已哀。蔡雍《霖雨賦》曰：中霄夜而歎息。

【陳校】

注「已哀」。「哀」，「衰」誤。又「中霄」。「霄」，「宵」誤。

【集說】

余氏《音義》曰：「中霄」。「霄」，何改「宵」。

【疏證】

奎本以下諸六臣合注本、尤本悉作「衰」、「宵」。謹案：蘇詩，見章樵註《古文苑》卷八載，字作「衰」。毛本蓋形近而誤，陳校蓋從尤本等正之。霄，與宵通。《說文通訓定聲‧小部》：「霄，叚借為宵。」《春秋左傳注疏‧襄公十年》：(鄭子矯)霄涉潁與楚人盟」杜注：「夜渡畏晉知之。」《呂氏春秋‧明理》：「有霄見」高誘注：「霄，夜。」畢沅校云：「霄，是宵之借」。皆其證。毛本當有所從，陳、何校未必改焉。

白馬篇

控弦破左的　注：班固《漢書·李廣述》曰：控茲貫石，威動比鄰。

【陳校】

注「控茲」。「茲」，「弦」誤。又「比鄰」。「比」，「北」誤。

【疏證】

奎本、明州本、尤本作「絃」、「北」。贛本、建本「弦」、「北」。謹案：語見《漢書·敘傳》正作「弦」、「北」，《玉海》卷一百五十「漢大黃參連弩」注引同。本書左太沖《魏都賦》「控弦簡發」注、王仲寶《褚淵碑文》「鳴控弦於宗稷」注引並作「弦」、「北」。「絃」與「弦」同。《集韻·先韻》：「絃，……通作弦。」毛本獨因形近而誤二字，陳校當從《漢書》、本書內證、贛本等正之。

右發摧月支　注：邯鄲淳《藝經》曰：馬射，左邊為月支三枝、馬蹄一枚。

【陳校】

注「三枝」、「一枚」。當作「三枚」、「二枚」。

【集說】

余氏《音義》曰：「三枝」、「一枚」，何並改「枚」。

姚氏《筆記》曰：注「馬蹄一枚。」余按：枚，音跋。《玉篇》：「矢（束）〔末〕也。」然云「馬蹄一枚」，則「枚」同「跋」。

【疏證】

奎本以下諸六臣合注本、尤本悉作「三枚」、「二枚」，謹案：《海錄碎事》卷二十、《玉海》卷七十五引亦作「三枚」、「二枚」。本書顏延年《赭白馬賦》「經玄蹄而電散」注亦引《藝經》作「二枚」、「三枚」。史容《山谷外集詩注·次韻奉送公定》「歸鞍懸月支」注引「邯鄲淳《藝經》」作「三枚」、「二枚」。陳、何校蓋從本書內證、尤本等正之。姚氏說「枚」同「跋」，固是，然不合善注本義，亦非。

狡捷遇猴猿

【陳校】

「遇」，「過」誤。

【疏證】

　　諸《文選》本咸作「過」。謹案：嘉定本《曹子建集》卷六、《文章正宗》卷二十二上亦作「過」。此毛本獨因形近而誤，陳校當從曹《集》、尤本等正之。

視死忽如歸　　注：《呂氏春秋》：管子云：三軍之土，視死若歸。

【陳校】

　　注「三軍之土。」「土」，「士」誤。

【疏證】

　　奎本以下諸六臣合注本、尤本悉作「士」。謹案：《呂氏春秋》，見《審分覽·勿躬》，正作「士」，劉向《新序·雜事》引「管仲言」，同。本書李少卿《答蘇武書》「使三軍之士」注、潘安仁《馬汧督誄》「視死如歸」注引並作「士」。古文獻土、士多見譌誤，本條亦可毛本刻工因形近而譌，陳校當從《呂氏春秋》、本書內證、尤本等正之。

名都篇

京洛出少年　　注：王逸《劦枝賦》曰。

【陳校】

　　注「劦枝」。「劦」，「荔」誤。

【疏證】

　　奎本以下諸六臣合注本、尤本悉作「荔」。謹案：王逸《荔枝賦》逸句，見《藝文類聚》卷八十七、《太平御覽》卷九百七十一等，並作「荔」。本書《蜀都賦》「側生荔枝」、「素柰夏成」注、郭景純《江賦》「蜇往杳溟」注、顏延年《赭白馬賦》「息徒解裝」注引並作「荔」。毛本獨因形近或壞字而誤，陳校當從類書、本書內證、尤本等正之。

鬥雞東郊道　　注：《漢書》：口 空脫一字 弘少時，好鬥雞走馬。

【陳校】

　　「《漢書》」下空脫「睦」字。

【疏證】

奎本作「陸」。明州本、贛本、尤本、建本作「眭」。謹案：事見《漢書‧眭弘傳》。奎本作「陸」，亦形近而譌。陳校當從《漢書》、尤本等正之。

攬弓捷鳴鏑　注：《儀禮》曰：司射搢三陝一〔个〕。

【陳校】

注「陝一」。「陝」，「挾」誤。

【疏證】

奎本以下諸六臣合注本、尤本悉作「挾」。謹案：語見《儀禮注疏‧鄉射禮》，字正作「挾」，本書曹子建《七啟（鏡機子曰馳騁）》「捷忘歸之矢」注引同。毛本獨因形近而誤，陳校當從《儀禮注疏》、本書內證、尤本等正之。

眾二歸我妍

【陳校】

「二」，「工」誤。

【疏證】

諸《文選》本咸作「工」。謹案：《初學記》卷十「宴平樂」注引、《太平御覽》卷七百四十六、《樂府詩集‧雜曲歌辭》、嘉定本《曹子建集》卷六引並作「工」。五臣亦作「工」，翰注可證。毛本獨因形近或壞字而誤，陳校當從《曹集》、尤本等正之。

膾鯉臇胎鰕，寒鼈炙熊蹯　注：《蒼頡解詁》曰：臇，少汁口（空脫一字）也。《鹽鐵論》曰：羊淹口（空脫一字）寒。劉熙《釋名》曰：韓羊、韓雞本出韓國所為。寒與韓，古字通也。

【陳校】

注「少汁」下空脫「臞」字、「羊淹」下空脫「鷄」字、「所為」下空脫「然」字。

【集說】

許氏《筆記》嘉德案曰：六臣本云：「五臣寒作炮。」《資暇錄》云：「寒鼈炙熊蹯，李注：『今之腊肉謂之寒，蓋韓國事饌尚此法。』」復引《鹽鐵論》

『羊淹鷄寒』、《釋名》『韓雞』為證『寒與韓同』。又李以上句之『膾鯉』，因注云『炰鼈膾鯉』，五臣見上句有『膾』，遂改『寒鼈』為『炰鼈』。斯類篇篇有之，學者幸留意。」又案：今注無「今之臘肉謂之寒」七字，李濟翁自謂《選》本「無似余家之本該備」，是濟翁所見李注有之，今本脫此七字耳。

【疏證】

　　奎本以下諸六臣合注本、尤本悉有「臛」、「鷄」、「然」字。謹案：《釋名》，見《釋飲食》篇，今本作「韓羊、韓兔、韓鷄，本法出韓國所為也。」本書曹子建《七啟》「臛江東之潛鼉」注引《蒼頡解詁》「少汁」下正有「臛」字。《鹽鐵論・散不足》「淹」下正有「鷄」字。孫詒讓《札迻》八「羊淹鷄寒」云：「淹，即腌同聲假借字。鷄寒，當即韓雞。韓寒聲近，古多通用。」《續修四庫全書》本。「所為」下之脫字當為「也」，上諸本作「然」字，亦誤。毛本則獨脫三字，陳校當從《釋名》、本書內證、尤本等補之，是也。嘉德所引《資暇錄》多有刪節撮取，然大抵不迕原意，且略能佐證陳校補正脫字之功，故援引以備參考。

王明君辭一首　　石季倫

序：以觸文帝諱改之。

【陳校】

　　「改之」。「之」，當作「焉」。

【集說】

　　梁氏《旁證》曰：《玉臺新詠》「改之」，作「故改」。尤本作「改焉」。

【疏證】

　　五臣正德本及陳本、奎本以下諸六臣合注本同，奎本等有校云：善作「焉」。尤本作「焉」。謹案：《藝文類聚》卷四十二作「之」。本書江文通《恨賦》「若夫明妃去時」注引石崇說，亦作「之」。《太平御覽》卷五百八十三注引石崇《琵琶引》：「以觸文帝諱改」，並無「之」、「焉」字。五臣作「之」，不無依據，然要在求異李善。然則，毛本同五臣則以五臣亂善矣，陳校當從六臣合注本校語及尤本等正之。

昔公主嫁烏孫 注：《漢書》曰：烏孫……願得尚公主。乃遣江都王建女為公主，以妻烏孫焉。

【陳校】

「嫁烏孫」。「鳥」，「烏」誤。注同。

【疏證】

奎本以下諸六臣合注本、尤本悉作「烏」。善注，惟明州本獨脫，其餘諸本並作「烏」。謹案：事見《漢書・西域傳》，正作「烏」字。《樂府詩集・烏孫公主歌》引亦作「以妻烏孫」。本書下詩「加我閼氏名」注引《漢書》已正作「烏孫」。此毛本刻工一時偶誤，陳校當從《漢書》、尤本等正之。

其造新之曲

【陳校】

「之」字衍。

【集說】

孫氏《考異》曰：善本無「之」字。五臣本有。

梁氏《旁證》曰：六臣本「新」下有「之」字。《玉臺新詠》作「其造新之曲」：一作「新造」。

【疏證】

尤本無「之」字。五臣正德本及陳本、奎本以下諸六臣合注本並有「之」，奎本等並有校云：善本無「之」。謹案：《玉臺新詠》卷二、《樂府詩集・相和歌辭》有「之」字，《九家集注杜詩・詠懷古跡（羣山）》「分明怨恨曲中論」注引，無。毛本蓋從六臣合注本等，陳校當從尤本、六臣合注本校語等正之。

行行日已遠 注：魏文帝《苦哉行》曰：行行日已遠，人馬同時飢。

【陳校】

注「魏文帝《苦哉行》」。「文」，當作「武」。「哉」，當作「寒」。

【集說】

胡氏《考異》曰：注「魏文帝《苦哉行》曰」。陳曰云云。是也，各本皆誤。

梁氏《旁證》曰：陳校「文」改「武」、「哉」改「寒」。各本皆誤。

【疏證】

奎本以下諸六臣合注本、尤本誤同。謹案：注「行行」二句，見本書魏武帝《苦寒行》，《樂府詩集‧相和歌》引、《初學記》卷二十六「斧冰」注同。《北堂書鈔》卷一百四十四「擔囊採薪」注引作「魏武《苦寒行》」。毛本誤襲尤本等，陳校當從本書內證、《樂府詩集》等正之。

默默以苟生　注：賈誼《弔屈原》曰：吁嗟默言。

【陳校】

注「吁嗟默言」。「言」，當作「默」。

【集說】

胡氏《考異》曰：注「吁嗟默言」。陳曰云云。是也，各本皆誤。

梁氏《旁證》曰：陳校「言」改「默」。是也，各本皆誤。

【疏證】

明州本、贛本、尤本、建本誤同。奎本作「默」。謹案：賈《賦》載在本書正作「默」。《史記‧賈生列傳》作「于嗟嚜嚜」。毛本當誤從尤本等，陳校當從本書內證正之。嚜，與默同。《古今韻會舉要》卷二十九「默，或作嘿。《漢書‧匡衡傳》：『嘿嘿不自安』，亦作嚜，漢賈誼《賦》于嗟嚜嚜。」

乘之以遄征　注：高誘《呂氏春秋》曰：征，飛也。

【陳校】

注「《呂氏春秋》」下，脫「注」字。

【集說】

胡氏《考異》曰：注「高誘《呂氏春秋》曰」。陳曰云云。是也，各本皆脫。

梁氏《旁證》曰：陳校「秋」下添「注」字。是也，各本皆脫。

【疏證】

奎本以下諸六臣合注本、尤本悉脫。謹案：語見《呂氏春秋‧季冬紀》「征鳥厲疾」注，作「征，猶飛也」，本書沈休文《宿東園》「征鳥時相顧」注

引《呂覽》同。毛本誤從尤本等，但觀注「《呂氏春秋》」上冠「高誘」，則可必為其注。陳校補「注」字外，「飛」上，尚當補「猶」字。此亦古人逕引注者名，名其書例。

昔為匣中

【陳校】

「中」下，脫「玉」字。

【疏證】

諸《文選》本咸有「玉」字。謹案：五臣亦有「玉」字，良注可證。《藝文類聚》卷四十二、《玉臺新詠》卷二、《九家集注杜詩·往在》「連為糞土叢」注、《山谷外集詩注·再答明略二首》「勿以匣中之明月」注引並有「玉」字。此毛本手民偶奪，陳校當從尤本等正之。

今為糞土英

【陳校】

「土」，當作「上」。

【集說】

孫氏《考異》曰：「今為糞上英」。「上」，一本作「土」。

【疏證】

奎本以下諸六臣合注本、尤本悉作「上」。謹案：《藝文類聚》卷四十二、《玉臺新詠》卷二、《九家集注杜詩·往在》「連為糞土叢」注、《山谷外集詩注·再答明略二首》「勿以匣中之明月」注引並作「上」。今觀上文「昔為匣中玉」，則本句誠以作「上」為妥。此毛本獨因形近而誤，陳校當從尤本等正之。

朝華不足歡　注：《古詩》曰：傷彼□ 空脫一字 蘭花，含英揚光輝。

【陳校】

注「傷彼蘭花」。「彼」下空脫「蕙」字。

【疏證】

奎本以下諸六臣合注本、尤本悉有「蕙」字。謹案：《古詩》載在本書，

《古詩十九首・冉冉》，正有「蕙」字。《玉臺新詠》卷一、《古今事文類聚》後集卷十三有「蕙」字。毛本獨奪，陳校當從本書內證、尤本等補之。

君子行一首　*古詞*

題下注：李善本《古詞》告三首，無此一篇。五臣本有，今附於後。

【陳校】

題注「告三首」。「告」，「止」誤。

【集說】

孫氏《補正》曰：「李善本《古詞》止三首，無此一篇。五臣本有，今附於後。」按此注不知出何人。非李善亦非五臣也。然則，汲古閣本所載李注，為後人附益者，多矣。或云：「此詩載《曹子建集》。」

張氏《膠言》曰：宋荊溪吳氏《林下偶譚》云：「《文選・樂府四首》稱：『古辭。不知作者姓氏。然《君子行》，善本無之。此篇載於《曹子建集》，意即子建作也。」

徐氏《規李》曰：案：此益知非李氏元本也。又考陸士龍《答兄機》及《答張士然》詩注有「向曰」、「濟曰」、「翰曰」、「銑曰」諸條，竊恨此書為五臣淆亂者不少。但李本亡於何時？此本輯於何人？所不可知，曷禁為之三嘆！

許氏《筆記》曰：注「李善本《古詞》止三首」云云。是此書非李氏原本，審矣。李本於何時亡逸，此本何時何人所輯，則不可得而詳矣。嘉德案：孫曰：「此注不知出何人。非李善，亦非五臣。知汲古閣本善注，為後人附益者多矣」云云。

【疏證】

奎本此詩居《飲馬長城窟行》下，題下向注後無上「李善本」云云二十字。明州本同奎本，然向注下有「善本無此一篇」六字。贛本、建本悉同明州本。尤本從明、贛二本，因亦收此詩並題下注有「李善本」云云二十字。毛本蓋遠祖尤本，而誤「止」作「告」，委實有近宗。

文選卷二十八

樂府詩十七首　　陸士衡

猛虎行

題下注：《古猛虎行》曰：饑不從猛虎食，莫口_{空脫一字}從野雀穉。

【陳校】

　　題注「莫」下空脫「不」字。又「穉」，「棲」誤。

【疏證】

　　奎本以下諸六臣合注本、尤本悉有「不」字、作「棲」。謹案：本書王景玄《雜詩》「野雀滿空園」注、《樂府詩集·相和歌辭》魏文帝《猛虎行》題解並有「不」字、作「棲」，魏氏《五百家注昌黎文集·猛虎行贈李宗閔》題下注引並同。玩上下文意，「不」字可補，「穉」，疑「棲」之俗譌字。毛本獨脫、誤，陳校當從本書內證、尤本等補正之。

熱不息惡木陰　　注：江邃《文釋》云：《管子》曰：……惡木尚能恥之，呪與惡人同處？

【陳校】

　　注「呪與惡人」。「呪」，「況」誤。

【疏證】

奎本以下諸六臣合注本、尤本悉作「況」。謹案：《九家集注杜詩・惡》「惡木翳還多」注引作「況」字。《四庫全書・管子提要》云：「晁公武《讀書志》曰：『劉向所校本八十六篇，今亡十篇。考李善註陸機《猛虎行》曰：江邃《文釋》引《管子》云：……惡木尚能恥之，況與惡人同處？今檢《管子》近亡數篇，恐是亡篇之內。』」毛本因形近而誤，陳校當從尤本等正之。

整駕肅時命　注：時君之命也。

【陳校】

注「時君」。「時」下，當有「命」字。

【疏證】

明州本、贛本、尤本、建本脫同。奎本有「命」字。謹案：毛本當誤從尤本等。此句，乃釋正文「時命」字。《晉書・杜夷傳》：「皇太子三至夷第，執經問義。夷雖逼時命，亦未嘗朝謁。」可證善注之說。陳校當據正文補，未必得見奎本。此亦前胡漏錄、漏校例。

人生誠未易　注：王宣《贈蔡子篤詩》曰。

【陳校】

注「王宣」。「王」下，脫「仲」字。

【疏證】

奎本以下諸六臣合注本、尤本悉有「仲」字。謹案：《贈蔡子篤詩》載在本書，正作「王仲宣」。又顏延年《五君詠・向常侍》「交呂既鴻軒」注、夏侯孝若《東方朔畫贊》「企佇原隰」注引並有「仲」字。此毛本傳刻偶奪，陳校當從本書內證、尤本等補之。古人創作稱名（字）或有省字例，作注似不在此例。

君子行

掇蜂滅天道　注：《說苑》曰：奇往視袖中殺蜂。……伯奇出。使者就袖中有死蜂，使者白王。

【陳校】

注「就袖中」。「就」，「見」誤。又「使者白王。」「使」字衍、「者」，

「以」誤。

【集說】

胡氏《考異》曰：注「使者就袖中」。案：「就」，當作「視」，此與上「視」、「就」二字互易其處也。袁本亦誤。

梁氏《旁證》曰：注「伯奇往視袖中殺蜂」，又「使者就袖中有死蜂」。「視」當作「就」，「殺」當作「掇」，「就」，當作「視」。

【疏證】

奎本、尤本誤同。明州本省作「餘同上（良）注」。贛本、建本作「善同良注」。謹案：今本《說苑》，未見其事。前胡所謂「此與上」，乃謂上句「奇往視袖中殺蜂」句，其「視、就二字互易」說，甚是。五臣良注作「使者見袖有死蜂，以白吉甫」，此陳校所出。「見」與「視」義同，亦得；下「使者」，陳作「以」，未必非。今疑涉上而衍，逕刪之亦無礙。

拾塵惑孔顏　注：《呂氏春秋》曰：少傾間食熟，謁孔子而進食。

【陳校】

注「少傾間食熟。」「傾」，「選」誤。

【集說】

余氏《音義》曰：「少傾」、「食熟」。何「傾」改「選」、「食」改「飯」。

梁氏《旁證》曰：何校「傾」改「選」、「食」改「飯」。尤本「選」字不誤。

【疏證】

明州本、贛本、建本同。奎本、尤本作「選」。謹案：事見《呂氏春秋·審分·任數》，今本作「選間食熟」高誘注：「選間，須臾。」《古微書》卷二十五、《太平御覽》卷八百三十八引亦作「選間食熟。」《藝文類聚》卷七十九脫「選間」二字。又，《呂氏春秋·似順論·處方》篇云：「選間，曰：鄉者靷偏緩。」高注：「選間，猶選頃也。」「傾」，與「頃」同。《說文通訓定聲》：「傾，實與頃同字」。《集韻·靜韻》：「傾，俄傾，少選也。通作頃。」然則，毛本不誤，陳、何校不必改焉。陳校固從《呂氏春秋》、尤本等。

又注：孔子起曰：今者夢見先君，食絜故饋。

【陳校】

　　注「食絜故饋」。「故」，「欲」誤。

【集說】

　　胡氏《考異》曰：注「食絜故饋」。陳曰云云。袁本亦作「故」。今《呂氏春秋》作「而後」二字，或善引不同耳。袁、茶陵二本所載五臣良注作「欲」，陳以之校善，未必是。

　　梁氏《旁證》曰：陳校「故」改「欲」。胡公《考異》曰：按今《呂氏春秋》云云。

【疏證】

　　奎本以下諸六臣合注本、尤本悉同。謹案：《呂氏春秋・審分・任數》作「而後」，《古微書》卷二十五同。《藝文類聚》卷七十九、《太平御覽》卷八百三十八並作「欲」。毛本蓋從尤本等。前胡說是，陳校不當以五臣改善。

棄友焉足歎　　注：《毛詩》曰《谷風序》曰：天下俗薄。

【陳校】

　　注「《毛詩》曰」。「曰」字，衍。

【疏證】

　　明州本、贛本、建本同。奎本、尤本「谷」上無「曰」字。謹案：本書江文通《雜體詩・謝法曹惠連》注作「《詩序》曰：『谷風，刺幽王也。天下俗薄。』」依善注援《毛詩》序例，當作「《毛詩序》曰：天下俗薄」云云。善注引《毛詩》小序，不加篇名，例同大序。如：張平子《西京賦》「捐衰色」注：「《毛詩序》曰：花落色衰」，此蓋《衛風・氓》序；揚子雲《羽獵賦》「儕男女，使莫違」注：「《毛詩序》曰：男女多違」，此係《陳風・東門之楊》序也。參上王仲宣《從軍詩》「一徂輒三齡」條。陳校據尤本去「谷」上「曰」字，仍不得要領。「曰谷風」三字，「谷風」係後人妄加，「谷」上「曰」字，乃明州本首涉下文而衍，誤中增誤，贛建二本、不能辨焉，毛本則誤從建本耳。

福鍾恒有兆　注：《小雅》曰：鍾，聚也。

【陳校】

　　注「《小雅》」。「小」下，脫「爾」字。

【疏證】

　　奎本以下諸六臣合注本、尤本悉脫。謹案：語見《孔叢子‧小爾雅‧廣詁一》：鍾、……積、灌、聚、樸、叢也。」鍾，與鍾同。《正字通‧金部》：「鍾，《漢志》『黃鐘』，《周禮》作『鍾』，《詩》『鐘鼓』，亦作『鍾』。古二字通用。」毛本當誤從尤本等，陳校當從《孔叢子》或李善注例補正。本書凡李注「《小爾雅》」，並作「《小雅》」。參上《西都賦》「度宏規而大起」條。

君子防未然　注：《鄧折子》曰：慮能防於未然。

【陳校】

　　注「鄧折」。「折」，「析」誤。

【疏證】

　　奎本以下諸六臣合注本、尤本悉作「析」。謹案：語見《鄧子‧無厚篇》。此古人木、才旁不分而俗譌。上王仲宣《贈文叔良》「敢詠在舟」注誤同。本書注其餘近二十處引「《鄧析子》」，皆不誤。毛本不知正。陳校當從《隋書》、本書內證、尤本等正之。

從軍行

朝食不免胄　注：《戰國策》曰：衛行人獨過，免胄橫戈而進。

【陳校】

　　注「獨過」。「獨」，「燭」誤。

【疏證】

　　奎本以下諸六臣合注本、尤本悉作「燭」。謹案：語見《呂氏春秋‧貴直論》，《太平御覽》卷三百十三、卷三百五十一，兩引《呂氏春秋》同。上諸《文選》本作「《戰國策》」，誤。《九家集注杜詩‧收京（汗馬）》「雜虜橫戈數」注、《山谷內集詩注‧贈黔南賈使君》「橫戈得句一開顏」注引並作「燭」、誤為「《戰國策》」。「獨」，「燭」字，毛本因形近而誤，陳校當從尤本等正之，

然未能正「《戰國策》」之誤。前胡亦漏正。

豫章行

三荆歡同株　注：田廣兄弟欲分。有三荆同本，經宿黄。乃曰：荆尚然，況兄弟乎？遂不分。荆復茂，故云歡同株。

【陳校】

注「經宿黄」。「黄」上脫「萎」字。

【集說】

顧按：「田廣」以下三十九字，非善注。宋本無，乃良注混入也。

胡氏《考異》曰：注「出是上獨西門」。「獨」當作「留」。袁本亦譌。茶陵本此一節並善入五臣良注，全失其真。或又據之以改善，斯大誤矣。

許氏《筆記》曰：六臣本善注：「《古上留田行》曰：出是上獨西門，三荆同一根生。一荆斷絕不長，兄弟有兩三人，小弟塊摧獨貧。」今注「田廣兄弟」至「故云歡同株」三十四字乃五臣注，削正。嘉德案：胡云：「……茶陵本此一節並善入五臣良注，全失其真。或又據之以改善注，斯大誤矣。」

【疏證】

明州本良注有「萎」字。逕省善注，作「善注同上」。贛本、建本省作「善同良注」，良注有「萎」字。奎本善注作：「《古上留田行》曰：出是上獨西門……小弟塊摧獨貧。」尤本同，而無「田廣兄弟」下至「同株」三十四字。謹案：毛本以五臣亂善，陳校不能正之。尤本當別有所本。此可見前胡動輒云「尤延之所改」說之非，大抵尤本與諸本異同，亦有所本，本條「獨」字同奎本，可為一證。前胡「或又據之以改善」云云，所論正為陳校耳。

四鳥悲異林　注：《家語》曰：其母悲鳴而送之，哀聲有此於此。

【陳校】

注「有此於此」。上「此」，「似」誤。

【疏證】

奎本、尤本作「似」。明、贛、建三本刪善注。謹案：語見《家語·顏回》，字正作「似」，《太平御覽》卷九百十四、《記纂淵海》卷五十三引並同。《初學

記》卷十八「三荆」引《家語》作「類」，亦得。毛本涉下而誤，陳校當從《家語》、尤本等正之。

悼別豈獨今　注：鄭伯《毛詩箋》曰：悼，傷也。《毛詩》曰：今日良宴會。又曰：別日何異，會日何難。

【陳校】

　　注「鄭伯」。「伯」，「玄」誤。又「毛詩曰」。「毛」，「古」誤。又「別日何異。」「異」，「易」誤。

【集說】

　　余氏《音義》曰：「鄭伯」。「伯」，何改「玄」。

【疏證】

　　奎本以下諸六臣合注本、尤本悉作「玄」、「古」、「易」。謹案：鄭玄《箋》，見《毛詩‧衛風‧氓》。本書潘安仁《悼亡詩》題下注、張景陽《七命（沖漠公子）》「悼望舒之夕缺」注引「鄭玄《詩箋》」並同。「今日良宴會」，見本書《古詩十九首‧今日》。「別日」二句，「易」與下句「難」字相對，毛本作「異」者，吳語音近而誤耳。三處，毛本獨誤，陳、何校當從《毛詩》、本書內證、尤本等正之。

苦寒行

劇哉行役人　注：《誰文》曰：劇，甚也。

【陳校】

　　注「誰文」。「誰」，「說」誤。

【集說】

　　余氏《音義》曰：「誰文」。「誰」，何改「說」。

【疏證】

　　奎本以下諸六臣合注本、尤本悉作「說」。謹案：「劇，甚也」語，見今本《說文新附‧刀部》，然「甚」上較善注多一「尤」字。本書班叔皮《北征賦》「劇蒙公之疲民兮」注、王仲宣《詠史詩》「同知埋身劇」注引並作「說」。此毛本獨誤，陳、何校當從《說文》、本書內證、尤本等正之。

飲馬長城窟行

冬來秋木反

【陳校】

「木」，「未」誤。

【疏證】

諸《文選》本咸作「未」。謹案：《樂府詩集·相和歌辭》引、史季溫《山谷別集詩注·臨河道中》「覺來去家三百里」注引並作「未」。此毛本獨因形近而誤，陳校當從尤本等正之。

門有車馬客行

駕言發故鄉　注：《毛詩》曰：駕言出道。

【陳校】

注「出道」。「道」，「遊」誤。

【疏證】

奎本以下諸六臣合注本、尤本悉作「遊」。謹案：「駕言出遊」，見《毛詩·邶風·泉水》篇，又見《衛風·竹竿》篇，皆作「遊」。《記纂淵海》卷八十三引同。本書向子期《思舊賦》「停駕言其將邁兮」注、潘安仁《悼亡詩（曜靈）》「駕言陟東阜」注、嵇叔夜《贈秀才入軍（浩浩）》「駕言出遊」注、陸士衡《挽歌詩·（流離）》「駕言從此逝」注、《古詩十九首》「迴車駕言邁」注、江文通《雜體詩·潘黃門岳》「駕言出遠山」注、陶淵明《歸去來》「復駕言兮焉求」注引並作「遊」。此毛本傳寫形近偶誤，陳校當從《毛詩》、本書內證、尤本等正之。

城闕或丘荒　注：《毛詩》曰：任城闕兮。

【陳校】

注「任城」。「任」，「在」誤。

【疏證】

奎本以下諸六臣合注本、尤本悉作「在」。謹案：語見《毛詩·鄭風·子衿》，正作「在」，《白孔六帖》卷三十四、卷八十七、《太平御覽》卷一百九十

二、卷四百八十九引並同。本書陸氏《歎逝賦》「戀城闕之丘荒」注、曹子建《贈白馬王彪》「顧瞻戀城闕」注引亦作「在」。此毛本傳寫形近偶誤，陳校當從《毛詩》、本書內證、尤本等正之。

松柏鬱芒芒　注：仲長子昌言曰：古之葬，松柏梧桐，以識其墳也。

【陳校】

注「松柏」上，脫「植」字。

【疏證】

明州本、贛本、尤本、建本脫。奎本作「樹」。謹案：本書丘希範《與陳伯之書》「將軍松栢不翦」注引亦脫，而潘安仁《懷舊賦》「柏森森以欑植」注、阮嗣宗《詠懷詩十七首·登高》「松栢翳岡岑」注引有「植」字；《古詩十九首·驅車》「松柏夾廣路」注、江文通《雜體詩三十首·潘黃門》「松柏轉蕭瑟」注、陳孔璋《為袁紹檄豫州》「桑梓松栢」注引則作「者」。作「植」、「樹」、「者」皆可。毛本蓋誤從尤本等，陳校當從本書內證補之。此亦前胡漏錄漏校例。

君子有所思行

邃宇列綺窗，蘭室接羅幕　注：《楚辭》曰：蒻阿拂壁羅幬帳。

【陳校】

注「幬帳」。「帳」，「張」誤。

【疏證】

奎本以下諸六臣合注本、尤本悉作「張」。謹案：語見《楚辭章句·招魂》，字正作「張」。王逸注：「張，施也。」《招魂》載在本書，亦作「張」，《藝文類聚》卷六十一、《太平御覽》卷六百九十九並同。毛本蓋涉下銑注「羅幕即羅帳」而譌。陳校當從本書內證、《楚辭》等正之。

宴安消靈根　注：老子《黃庭經》曰：玉池清水灌靈根，堅固老不衰。然靈根謂身也。

【陳校】

注「靈根」下，當更有「靈根」二字。

【集說】

余氏《音義》曰：(注)「靈根」下，何增「靈根」二字。

【疏證】

奎本、尤本重「靈根」。明州本、贛本、建本亦重「靈根」，然悉誤作濟注。謹案：語見宋·張君房《雲笈七籤·黃庭內景經》卷十二，作「玉池清水上生肥，靈根堅固老不衰」，與善引略有不同。按上下文意，固當重「靈根」二字。毛本傳寫偶脫，陳、何校蓋據尤本補之。

無以肉食資　注：《說文》曰：晉東郭氏上書於獻公，肉食者已慮之矣。

【陳校】

注「《說文》」。「文」，「苑」誤。「肉食者」。「肉」上，脫「曰」字。

【集說】

余氏《音義》曰：「說文」、「獻公」，何「文」改「苑」、「公」下增「公」字。

胡氏《考異》曰：注「《說文》曰」。何校「文」改「苑」。陳同。各本皆誤。

梁氏《旁證》曰：何校「文」改「苑」。又「於獻公」。「公」下增「公」字。

【疏證】

奎本以下諸六臣合注本、尤本悉誤「文」。「肉」上，諸本作「公曰」字，惟贛本作「曰」。謹案：事見《說苑·善說》。固是「苑」字。本書任彥昇《為蕭楊州作薦士表》「寢議廟堂」注引「晉東郭氏曰」云云，上冠詞亦是「《說苑》」。「獻公」下，《說苑》原文作「獻公使使出告之曰」，善注節省作「公」，義同，故奎、明、尤、建諸本悉作「公曰」字。《古今事文類聚》別集卷二十二引亦作「公曰」。毛本從尤本誤「文」，復脫「（公）曰」字。陳校云：「肉上，脫曰字」，蓋從贛本，然仍失一間，當作「肉上，脫公曰二字。」

齊謳行

沃野爽且平　注：《左氏傳》：齊一公欲更晏子之宅，曰：請更諸爽塏之也。

【陳校】

注「一公」。「一」，「景」誤。又「請更之爽塏之也。」「也」，「地」誤。

又「之也」，當作「者」。

【集說】

　　胡氏《考異》曰：注「清更渚爽塏之地」。陳云「『之地』，當作『者』」。今案：當作「者也」。引末綴以「也」字，善每有之，各本皆誤。

　　梁氏《旁證》曰：陳校「之地」二字改「者」字。

【疏證】

　　奎本以下諸六臣合注本、尤本悉作「景」、「地」。謹案：《春秋左傳注疏‧昭公三年》作「景」、「請更諸爽塏者」。本書張平子《西京賦》「處甘泉之爽塏」注、左太沖《蜀都賦》「營新宮於爽塏」注引並作「者」。左太沖《魏都賦》「況河冀之爽塏」注引無「之地」及「者」字。毛本獨誤，陳校當從《左傳》、本書內證、尤本等正之。前胡謂依善注例當作「者也」，其說蓋據善注習慣，亦得，然陳校其從《左傳》亦不誤，誤者《文選》「各本」耳。本條結末，陳先後有二校，亦見清代學者校勘之謹慎。

海物錯萬類，陸產尚千名　注：《禮記》曰：加豆，陸產也，其醢水物也。

【陳校】

　　注「其醢」。「醢」，「醯」誤。

【疏證】

　　奎本以下諸六臣合注本、尤本悉作「醯」謹案：語見《禮記注疏‧郊特牲》，字正作「醯」。《毛詩注疏‧大雅‧既醉》：「籩豆靜嘉」傳：「恒豆之菹，水草之和也。其醢陸產之物也，加豆，陸產也。其醯，水物也。」亦作「醯」。毛本獨因形近致誤，陳校當從《禮記》、尤本等正之。

鄙哉牛山歎　注：《晏子春秋》曰：景公流涕曰：苦何去此而死乎？

【陳校】

　　注「苦何去」。「苦」，「若」誤。

【疏證】

　　奎本以下諸六臣合注本、尤本悉作「若」。謹案：事見《晏子春秋‧諫上》，正作「若」，本書王僧達《祭顏光祿文》「牛山有淚」注引、《九家集注杜詩‧

九成宮》「向使國不亡」注引並作「若」。此毛本獨因形近而誤。陳校當從《晏子春秋》、本書內證、尤本等正之。

爽鳩苟已徂　注：《左氏傳》：爽鳩氏始居此地，季前因之。而逢伯陵因之，蒯姑氏因之，而太公因之。

【陳校】

注「季前」。「前」，「蒯」誤。「而逢伯」。「而」，當作「有」。又「蒯姑」。「蒯」，當作「蒲」。

【集說】

梁氏《旁證》曰：注「而逢伯陵因之」，又「而太公因之」。上「而」字當作「有」字，「凌」當作「陵」。下「而」字下，當有「後」字。此《左氏·昭二十年傳》文。

【疏證】

奎本、明州本、建本同。尤本作「蒯」、「而」、「蒲」。贛本作「蒯」、「有」、「蒲」。謹案：語見《春秋左傳注疏·昭公二十年》，字正作「蒯」、「有」、「蒲」。《國語·周語下》「我姬氏出自天黿」韋昭注引「《傳》曰」作「有逢伯陵因之，蒲姑氏因之。」《毛詩注疏·齊譜》「爽鳩氏之墟」疏：「季蒯因之，有逢伯陵因之、薄姑氏因之，而後太公因之。」「太公」作「而後」，作一終結，最是。《晏子春秋·外篇》並同《毛詩》。毛本當誤從建本等，陳校當從《左傳》、贛本等正之。尤本誤「而」，當出明州本。梁校亦是。

長存非所營　注：《西京賦》曰：夫歷世而長存。

【陳校】

「夫歷世」。「夫」，「若」誤。

【疏證】

奎本以下諸六臣合注本、尤本悉作「若」。謹案：《西京賦》載在本書，正作「若」，《古今事文類聚》續集卷一引同，本書袁彥伯《三國名臣序贊》「歷世承基」注引亦同。毛本獨譌，陳校當從本書內證、尤本等正之。

長安有狹邪行

憑軾皆俊民　注：《左氏傳》：楚子玉曰：請與君憑試而觀之。

【陳校】

注「憑試」。「試」，「軾」誤。

【疏證】

奎本以下諸六臣合注本、尤本悉作「軾」。謹案：事見《春秋左傳注疏・僖公二十八年》，正作「軾」。本書左太沖《魏都賦》「憑軾捶馬」注、王簡栖《頭陀寺碑文》「憑五衍之軾」注引並作「軾」。但據正文，亦可正「試」之譌。此毛本獨因音近而誤，陳校當從《左傳》、本書內證、尤本等正之。

傾蓋乘芳訊

【陳校】

「乘」，「承」誤。

【集說】

許氏《筆記》曰：「乘」，何改「承」。

【疏證】

諸《文選》本悉作「承」。《藝文類聚》卷四十一、《樂府詩集》卷三十五亦作「承」。謹案：乘、承本通。《說文通訓定聲・升部》：「承，叚借為乘。」《韓非子・五蠹》：「既畜王資，又承敵國之釁。」《史記・項羽本紀》：「今秦攻趙，戰勝則罷，我承其弊。」本書《七發》：「博見強識，承閒語事。」皆其證。毛本當有所從，既非五臣與善用之異，則陳、何校不改也得。

長歌行

寸陰無停晷　注：言日無停景。

【陳校】

注「惇」。「停」誤。

【疏證】

奎本以下諸六臣合注本、尤本悉作「停」。謹案：但據正文，亦可正毛本

之誤。此手民之譌。陳校當從正文、尤本等正之。

吳趨行

士風清且嘉　注：《左氏傳》曰：晉侯曰：鍾儀樂操土風。

【陳校】

　　「士」，「土」誤。

【疏證】

　　諸《文選》本悉作「土」。謹案：《左傳》，見《春秋左傳注疏·成公九年》，正作「土」。《記纂淵海》卷九、宋·朱長文《吳郡圖經續記·風俗》引並作「土」。此或毛本手民之誤，陳校當據注文、尤本等正之。

秦伯導仁風　注：《史記》曰：吳太伯、弟仲雍，皆周太王之子。……太伯之奔荊蠻，曰號句吳。《楚辭》曰：涓其泥而揚其波。

【陳校】

　　「秦」，當作「泰」。又注「曰號」。「曰」，「自」誤。又「涓其泥」。「涓」，「汨」誤。

【疏證】

　　諸《文選》本悉作「泰」。謹案：《藝文類聚》卷四十一作「泰」。五臣作「泰」，向注可證。此毛本因形近而誤，陳校據注，可應手而正，無煩披尤本及類書焉。「曰」、「涓」二字，毛本皆因形近而誤，奎本以下諸六臣合注本、尤本皆不誤。《史記》，見《吳太伯世家》，正作「自」字。《楚辭·漁父》篇，作「淈」，本書桓元子《薦譙元彥表》「揚清渭波」注引同。淈」與「汨」同。《爾雅·釋詁》：「淈，治也」郭注：「淈，《書序》作汨，音同耳。」郝疏：「淈者，汨之借音也。」《玉篇·水部》：「淈，亦汨字。」皆其證。李善所見本《楚辭》作「汨」。陳校當從《史記》、《楚辭》、尤本等正之。

八族未足侈　注：張勃《吳錄》曰：八族，陳、相、呂、竇、公孫、司馬、徐、傅也。《漢書》：劉敬曰：徙齊諸田豪傑名家。

【陳校】

　　注「陳相」。「相」，「桓」誤。又「徙齊」。「徒」，「徙」誤。

【疏證】

奎本以下諸六臣合注本、尤本悉作「桓」、「徙」。謹案:《玉海》卷五十引《吳錄》作「桓」。毛本「桓」誤「相」,蓋因本諱宋闕末筆,跡近「相」。「徙」誤「徒」,亦因形近,《漢書》見《婁敬傳》,字正作「徙」,《通志・婁敬傳》同。陳校當從《漢書》、尤本等正之。

日出東南隅行

蛾眉象翠翰 注:《楚辭》曰:蛾眉曼睩目騰光。王逸曰:曼,澤也。睩,視貌也。言美女之貌,蛾眉玉貌,曼好目曼澤。

【陳校】

注「曼好」。「好」上「曼」字,衍。

【集說】

胡氏《考異》曰:注「曼好目曼澤」。陳云:「好上曼字衍。」是也,此引王逸語,後三十三卷可證,各本皆衍。

梁氏《旁證》曰:陳校去上「曼」字,《招魂》注可證。

【疏證】

奎本以下諸六臣合注本、尤本悉衍上「曼」字。謹案:語見《楚辭章句・招魂》篇,「好」上正無「曼」字,本書《招魂》注同。前胡「此引王逸語」,說甚是。毛本當誤從尤本等,陳校當從本書內證、《楚辭》等正之。

藹藹風雲會 注:《過秦論》曰:天不雲會響應

【陳校】

注「天不」。「不」,「下」誤。

【疏證】

奎本以下諸六臣合注本、尤本悉作「下」。謹案:《過秦論》載在本書,正作「下」。賈誼《新書・過秦上》、《史記・秦始皇本紀》、《漢書・陳勝列傳》並同。毛本手民形近而誤,陳校當從本書內證、史書、尤本等正之。

推舞播幽蘭　注：《韓詩》曰：舞則莫分。薛君曰：「言其舞則應雅樂也」。

【陳校】

「推」，「雅」誤。又注「舞則莫分」。「莫」，「纂」誤。

【集說】

顧按：（「莫」，「纂」誤）見《舞賦》。

胡氏《考異》曰：注「《韓詩》曰：舞則莫分。」陳曰云云。案：所校是也。前《舞賦》注引不誤，可證。

梁氏《旁證》曰：陳校「莫」改「纂」，是也。前《舞賦》注可證。

【疏證】

諸《文選》本咸作「雅」。奎本注作「選」，其餘六臣合注本、尤本誤「莫」。謹案：「推」字，毛本獨傳寫形近而譌。本條引有薛君《章句》，又本書傅武仲《舞賦》「鄭雅異宜」注引《韓詩》正作「纂」，王氏《詩攷·韓詩》引「《文選》注」，亦作「纂」。然則，《韓詩》固作「纂」。「舞則選分」，則見《毛詩·齊風·猗嗟》，原來作「選」者，蓋《毛詩》也。此奎本擅以《毛詩》改《韓詩》爾。「選」與「纂」同入《元部》係疊韻，二字得通。然李善明引《韓詩》，則自當作「纂」。奎本亦非，然奎本可為善本作「纂」旁證。明州本、尤本等作「莫」者，「纂」之壞字耳，陳校，當從本書內證正之。二胡、梁氏說並是。

前緩聲歌

遊山聚靈族　注：《淮南子》曰：掘崑崙墟以下，地下有層城九重。

【陳校】

「山」，「仙」誤。又注「地下」。「下」，「中」誤。

【集說】

余氏《音義》曰：「山」，六臣作「仙」。

許氏《筆記》曰：何改「游仙」，依六臣本。

【疏證】

諸《文選》本悉作「仙」。奎本以下諸六臣合注本、尤本注悉作「下」。謹案：《藝文類聚》卷四十二、《玉臺新詠》卷三、《樂府詩集》卷六十五悉作「仙」。《淮南子》，見《墜形》篇，正作「中」，本書孫興公《遊天台山賦》「亦

何羨於層城」注引同。「山」字，毛本獨傳寫譌，「下」字，奎本等已涉上文而
譌，毛本當誤從尤本等。陳、何當依《淮南子》、本書內證、尤本等正之。

蕭蕭肖駕動　注：《毛詩》曰：蕭蕭宵征。

【陳校】

　　「肖」，「宵」誤。

【集說】

　　孫氏《考異》曰：「蕭蕭宵駕動。」「宵」誤「霄」。

　　梁氏《旁證》曰：五臣「宵」作「霄」。翰注：「霄駕，謂薄天而行也。」
按《玉臺新詠》亦作「霄」。此注引「蕭蕭宵征」，乃注「蕭蕭」，非注「宵駕」
也。翰注似可從。

　　胡氏《箋證》曰：翰注：「霄駕，謂薄天而行也。」《旁證》云：「《玉臺新
詠》亦作霄……翰注似可從。」紹煐按：「霄」與「宵」古字通。《呂覽·明理
篇》「有霄見」注：「霄，夜也。」是「宵夜」之「宵」亦作「霄」。「霄駕」即
「宵征」。善所據本必是「宵」字，倘作「霄」，善當有注，恐仍是翰注誤。此
作「霄」，從五臣改也。

　　黃氏《平點》曰：「蕭蕭宵駕動」句，五臣「宵」作「霄」，誤。

【疏證】

　　尤本作「宵」。奎本作「霄」，注引《毛詩》同，無校語。明州本作「霄」，
無校語。注引《毛詩》作「宵」。贛本、建本作「霄」，校云：善本作「宵」。
謹案：《藝文類聚》卷四十二作「宵」。「霄」，與「宵」實通，已見上曹子建
《美女篇》「盛年處房室」條。《毛詩》，見《召南·小星》篇，字作「宵」。五
臣作「霄」，翰注可證，然善注作「宵」，後胡說是。然則，「霄」與「宵」雖
通，不得以五臣亂善。又「肖」與「宵」通。《集韻·笑韻》：「肖，《說文》：
『骨肉相似也。』亦作霄」。明·陳士元《名疑》卷四：「羅泌又以為舜之二
女：曰霄明、曰燭光。宵，一作肖。」皆其證。善注既為「宵」，故毛本作「肖」，
亦非，陳校是也。

翩翩翠蓋羅　注：《甘泉賦》曰：咸翠蓋而鸞旗也。

【陳校】

　　注「鸞旗也」。「也」字衍。

【疏證】

奎本以下諸六臣合注本、尤本悉無「也」字。謹案:《甘泉賦》載在本書,並無「也」字。《漢書・揚雄傳》、《藝文類聚》卷三十九、《玉海》卷八十並同。此毛本偶衍,陳校當從本書內證、尤本等正之。

羽旗棲瓊鸞 注:《琴道》:雍門周曰:水嬉則逢羽旗。

【陳校】

注「逢羽旗」。「逢」,「建」誤。

【集說】

余氏《音義》曰:「逢羽」。「逢」,何改「建」。

【疏證】

奎本以下諸六臣合注本、尤本悉作「建」。謹案:本書《西京賦》「垂翟葆,建羽旗」善注作「建」,引《琴道》正作「建」。薛注:「謂垂羽翟為葆蓋,飾建隼羽為旌旗也。」《春秋戰國異辭・荊山子》曰:「水戲則舫龍舟,建羽旗鼓,釣乎不測之淵。」皆可為作「建」字之佐證。此毛因「建」、「逢」形近而誤,陳、何校當從本書內證、尤本等正之。

塘上行

題下注:《歌錄》曰:《塘上行》,古辭。或云甄皇后造,魏文帝,或云武帝。

【陳校】

題注「魏文帝」上,脫「或曰」二字。

【疏證】

奎本以下諸六臣合注本、尤本悉有「或云」二字。謹案:《文章正宗》卷二十二上題下注有「或云」字。但依上下文句例,「魏」上固當有「或云」字。毛本獨脫,陳校當從尤本等正之。何氏《讀書記》云:「《塘上行》注:『古詞。或云甄皇后造,或云魏文帝,或曰武帝。』按:以本詞為甄皇后造者,近之。」

被蒙風雲會，移居華池邊　注：《周易》曰：潤之以風雨。《楚辭》：黿
鼉游乎華池。

【陳校】

　　注「《周易》曰：潤之以風雨。」此八字當在下「沾潤既已渥」一聯注「古
詩」前。

【集說】

　　梁氏《旁證》曰：《玉臺新詠》「雲」作「雨」、「居」作「君」。

　　胡氏《箋證》曰：《玉臺新詠》「雲」作「雨」。按：注引《周易》，則善本
亦作「雨」。後人多見「風雲會」，少見「風雨會」，故因以改之。

　　許氏《筆記》曰：《玉臺新詠》作「風雨」。李注引《易》，知李原本正作
「風雨」也。

【疏證】

　　奎本以下諸六臣合注本、尤本悉同。謹案：毛本蓋從尤本等。許氏說是，
李善原本作「風雨」，則錯簡之說不能成立，陳校非焉。

懼倉蠅前　注：《毛詩》曰：營營青蠅，止于丘樊。

【陳校】

　　「倉」，當作「蒼」。又注「止於丘樊。」「丘」字衍。按：此詩即士衡自
喻也。「江蘺」以下四聯，即《謝平原內史表》所謂「臣本吳人，皇澤廣被，
擢自群萃，累蒙榮進」是也。「四節」以下云云，即《謝表》所謂「橫見枉陷，
誣作禪文，蒙宥出獄，退就散輩」是也。士衡雖藉成都審理，幸得昭雪，而猶
懼後患，冀其始終護持，故有「願廣末光」之禱。乃它日卒為讒邪傾陷，蒼蠅
點素而鶴唳絕響矣。悲夫！

【集說】

　　胡氏《考異》曰：注「止於丘樊。」陳曰云云。是也，各本皆誤。

　　梁氏《旁證》曰：陳校去「丘」字。各本皆衍。

【疏證】

　　諸《文選》本咸作「蒼」。「丘」字，奎本、贛本不衍；明州本、尤本、建
本衍。謹案：「倉」，與「蒼」通。見上王仲宣《詠史》「臨穴呼蒼天」條。毛

本當有所宗，陳不必改。《毛詩》，見《小雅·青蠅》篇，正無「丘」字，《藝文類聚》卷九十七、《太平御覽》卷四百、卷九百四十四並同。《史記·滑稽列傳》作「營營青蠅止于蕃」、《漢書·武五子傳》作「營營青蠅止於藩」，「樊」字雖有異同，然並無「丘」字則同。此詩三章，每章首句皆七字，作「營營青蠅止于某」，故衍字，陳校應手可正。前胡云「各本皆誤」，本不包括奎、贛二本。本條陳氏不脫史家本色，而能以本書文詩貫通參證，頗得詩人初衷。

樂府一首　會吟行　謝靈運

三調佇繁音　注：《爾雅》曰：佇，立也。郭業曰：稽八也。

【陳校】

　　注「立也」。「立」，當作「久」。又「業」，「璞」誤。又「稽八」。「八」，「久」誤。

【集說】

　　胡氏《考異》曰：注「佇，立也」。陳云：「立，當作久。」是也，各本皆誤。
　　梁氏《旁證》曰：陳校「立」改「久」。各本皆誤

【疏證】

　　奎本以下諸六臣合注本、尤本悉誤「立」，作「璞」、「久」。謹案：毛本「業」、「八」獨誤，誤「立」，則從尤本等。佇，今本《爾雅注疏·釋詁》云：「曩、塵、佇……，久也。」正釋作「久」。郭璞注：「塵、垢、佇、企……皆稽久也。」本書傅季友《為宋公修張良廟教》「佇駕留城」注引《爾雅》作「曰：佇，久也。」而謝惠連《西陵遇風獻康樂》「佇檝阻風波」注亦引《爾雅》則作：「佇，久立也。」檢《說文·新附·人部》亦作「佇，久立也。」故當以後者為是。傅《教》注，「久」下脫一「立」字。然則，各本作「立」，其上實脫「久」字，陳校從今本《爾雅》，猶失一間矣。

連峰競千仞，背流各百里　注：《上林賦》曰：蕩乎八川，分流相背而異態。

【陳校】

　　「連峰競千仞」注。按：《世說》：「顧長康從會稽還，人問山川之美。顧

云：『千峰競秀，萬壑爭流。』」此聯當引此。

【疏證】

　　奎本以下六臣合注本、尤本並同。謹案：此亦陳議善注之是非。陳引當出《世說・言語篇》。然恐善注引《上林賦》，其意惟在以「分流相背」釋「背流」耳。

高墉積崇雉　注：《周易》曰：公用射準于高墉之上。

【陳校】

　　注「公用射準」。「準」，「隼」誤。

【疏證】

　　奎本以下諸六臣合注本、尤本悉作「隼」。謹案：語見《周易注疏・解》，字正作「隼」。《藝文類聚》卷九十一、《太平御覽》卷一百八十七、卷三百四十七等引、本書王元長《三月三日曲水詩序》「射集隼於高墉」注引並作「隼」。毛本獨誤，陳校當從《周易》、本書內證、尤本等正之。

飛燕躍廣途　注：《西京雜記》曰：文帝自有良馬九匹，一名飛燕驪。

【陳校】

　　注「文帝自」下，空脫「代還」二字。

【疏證】

　　奎本以下諸六臣合注本、尤本悉有「代還」二字。謹案：《西京雜記》，見卷二，正有「代還」二字，《初學記》卷二十九「九逸」注、《太平御覽卷》八百九十七引並有。此毛本獨脫，陳校當從《西京雜記》、尤本等補之。

越叟識行止　注：《越絕書》曰：子胥戰於檇李，闔閭傷馬，軍敗而還。《周易》曰：時止則止，時彼則行。

【陳校】

　　注「闔閭傷馬。」「馬」，似當作「焉」。又「時彼則行。」「彼」，「行」誤。

【集說】

　　胡氏《考異》曰：注「闔閭傷馬。」陳云：「馬，當作焉。」是也，各本

皆譌。

　　梁氏《旁證》曰：陳校「馬，改焉。」各本皆誤。

【疏證】

　　奎本以下諸六臣合注本、尤本悉譌「馬」、作「行」。謹案：事見《越絕書·外傳計倪》，正作「焉」字。《周易》語，見《周易注疏·艮》，字正作「行」，《記纂淵海》卷四十六、卷五十四引並同。毛本「馬」字蓋誤從尤本等，「彼」字，則傳寫獨誤。作「行」，方得與上句之「止」、本句之「行」相對應。本書潘安仁《射雉賦》「時行時止」注、班叔皮《北征賦》「行止屈申」注、曹子建《王仲宣誄》「與君行止」注引並作「行」。陳校當從《越絕書》、《周易》、本書內證、上下文義、語感等正之。

梁鴻去桑梓　注：范曄《後漢書》曰：梁鴻……居廡下，為人賃舂。

【陳校】

　　注「賃春」。「春」，「舂」誤。

【疏證】

　　奎本以下諸六臣合注本、尤本悉作「舂」。謹案：事見《後漢書·梁鴻傳》，正作「舂」字，《太平御覽》卷五百二引、《北堂書鈔》卷九十二「葬要離冢側」注引《後漢書》並同。《藝文類聚》卷六十九引《東觀漢記》亦作「舂」。此毛本獨因形近而誤，陳校當從《後漢書》、尤本等正之。

樂府八首　鮑明遠

東武吟

賤子歌一言　注：《漢書》曰：主邑請召賓。

【陳校】

　　注「主邑」。「主」，「王」誤。

【疏證】

　　《集注》本、奎本以下諸六臣合注本、尤本悉作「王」。謹案：語見《漢書·樓護傳》，「邑」上無「王」字，蓋因承上省，李善補出是也。本書應璩

《百一詩》「賤子實空虛」注亦作「王」。毛本獨因形近而誤，陳校當從《漢書》、尤本等正之。

占募到河源　注：占，謂自應度，而應募為占募也。《吳志》曰：中郎將周柢乞於鄱陽占募。

【陳校】

注「應度」。「應」，「隱」誤。又「周柢」。「柢」，「祗」誤。

【疏證】

《集注》本、奎本以下諸六臣合注本、尤本悉作「隱」、「祗」。謹案：本書張平子《思玄賦》「占水火而妄訊」注亦作「隱」。《漢書·昭帝紀》「官令民得以律占租」顏注亦云：「占，謂自隱度。」毛本誤作「應」，蓋涉下「應」字，且吳語「應」、「隱」二字音近而誤；誤作「柢」，則緣形近「祗」耳。周祗乞占募事，見《吳志·陸遜傳》，正作「祗」，《白孔六帖》卷五十四「乞於鄱陽召募」注引同。陳校當從《吳志》、尤本等正之。

後逐李輕車　注：《漢書》曰：李廣從弟蔡……有功卒封樂安侯。

【陳校】

注「卒封」，當作「中率」。

【集說】

胡氏《考異》曰：注「有功卒」。陳曰云云。是也，各本皆誤。何校去「卒」字者，非。此所引《李廣傳》文。

梁氏《旁證》同胡氏《考異》。

【疏證】

《集注》本、奎本以下諸六臣合注本、尤本誤悉同。謹案：《漢書》見《李廣傳》，正作「中率」，《冊府元龜》卷三百七十五同。《史記·李將軍列傳》亦作「中率」，索隱：「小顏云：『率，謂軍功封賞之科，著在法令，故云中率。』」顏注，今本《漢書》未見。毛本蓋誤從尤本等，陳校當從《史》、《漢》等正之。

追虜窮寒垣 注：范曄《後漢書》曰：耿夔追虜出塞而還。蔡邕上書曰：秦築長安城，漢起塞垣。

【陳校】

「寒」，「塞」誤。又注「秦筑長安城。」「安」字衍。

【集說】

孫氏《考異》曰：「塞」誤「寒」。

胡氏《考異》曰：注「秦筑長安城。」袁本無「安」字，是也。茶陵本亦衍。

梁氏《旁證》曰：六臣本無「安」字，是也。

許氏《筆記》曰：依注作「塞垣」。注「秦筑長安城。」「安」字衍。嘉德案：注「出塞而還」、「漢起塞垣」，則作「寒」者形似而譌。袁本無「安」字，不誤。

【疏證】

贛本、建本譌、衍同。五臣正德本及建本作「塞」。《集注》本、奎本作「塞」、無「安」字。明州本、尤本作「塞」、衍「安」字。《敦煌·法藏》本作「塞」255頁。謹案：《集注》本、奎本最是。「追虜出塞」，事見《後漢書·耿夔傳》，字正作「塞」；蔡書，見《後漢書·鮮卑傳》，正無「安」字、作「塞垣」，晉·袁宏《後漢紀·孝靈皇帝紀》、《通志·鮮卑傳》引蔡「上議」同。毛本當誤從建本等，陳則據注引《後漢書》，即可正毛本之誤矣。「蔡邕」上，似當有「又曰」二字，蓋與上同出《後漢書》焉。此亦前胡稱袁，而省引陳校例。

倚杖收雞狁

【陳校】

「收」，「牧」誤。

【集說】

胡氏《考異》曰：「倚杖牧雞狁。」茶陵本云：「收」，五臣作「牧」。袁本云：善作「收」。案：二本所見非也。「收」是傳寫誤。尤蓋改正之也。

梁氏《旁證》曰：六臣本校云：「牧，善作收。」非也。朱子曰：「腰鐮刈葵藿，倚杖牧雞豚，分明倔強不肯甘心之意。」

胡氏《箋證》曰：《旁證》曰云云。紹煐按：王安石《傷杜醇詩》曰「藜杖牧雞豚，筠筒釣魴鯉」句，本此。作「（牧）［收］」，但傳寫誤。

許氏《筆記》曰：「收」，一本作「牧」。嘉德案：茶陵本云：「收」，五臣作「牧」。袁本云：善作「收」。胡云：「二本所見非也。作收傳寫誤。」蓋善自作「牧」，六臣本校語誤。

【疏證】

《敦煌·法藏本》2554頁、尤本作「牧」。五臣正德本及陳本作「牧」，奎本、明州本同，校云：善本作「收」。贛本、建本作「收」，校云：五臣作「牧」。《集注》本脫「牧」字。謹案：「收雞狄」，不辭，前胡說是。明正德本《鮑明遠集》卷三、《樂府詩集·相和歌辭》、《九家集注杜詩》「茅屋為秋風所破歌」注引，並作「牧」。《九家集》編者郭知達，自序作於淳熙八年，則與尤本問世同時，或從尤本也未可知。毛本當從建本等，誤矣。陳校當從尤本、鮑《集》等正之。

願垂晉主惠，不愧田子魂　注：言己窮老而還同夫棄席、疲馬，願垂晉主之惠而不見遺，則兼愛之道斯同，故亦無愧於田子也。晉主言惠，田子言愧，互文也。然田子久謝，故謂之魂。

【陳校】

注「田子言愧」。「愧」，當作「魂」。

【集說】

胡氏《箋證》曰：注「田子久謝，故謂之魂。」《韓詩》曰：「聊樂我魂。」薛君曰：「魂，神也。」按：魂，云也。謂「不愧田子所云」也。《韓詩外傳》：「田子方曰：少盡其力而老去其（才）［身］，仁者不為也。」此即田子方所云，故言「不愧」。古「云」、「魂」通。《中山經》「其氣魂魂」，「魂魂」，猶「云云」也。《春秋正義》引《孝經說》「魂，云也。」皆可證。

【疏證】

奎本以下諸六臣合注本、尤本悉同。《集注》本無此五十七字。謹案：正文一聯「魂」與「惠」相對，可證陳校是。此「魂」、「愧」二字形近而譌。毛本當誤從尤本等。後胡釋「魂」字，甚確。「魂」從「云」得聲，字或得通。《毛詩注疏·鄭風·出其東門》「縞衣綦巾，聊樂我員」釋文：「員，音云。本

亦作云。《韓詩》作魂。」亦其證也。

出自薊北門行

簫鼓流漢思

【陳校】

「思」,「月」誤。

【集說】

孫氏《考異》曰:「思」。一本作「颸」。

【疏證】

《敦煌‧法藏本》2554頁、《集注》本、諸《文選》本悉同。謹案:《藝文類聚卷》四十一、《樂府詩集‧雜曲歌辭》、明正德本鮑《集》卷三亦作「思」。《文章正宗》卷二十二下作「月」。《記纂淵海》卷二十二作「颸」。毛本蓋從尤本等,陳校蓋備異聞。作「颸」,亦非無稽,蓋與下句「旌甲被胡霜」之「霜」為偶。《說文新附‧風部》:「颸,涼風也。從風,思聲。」颸,從思得聲。「思」或「颸」之借也。

馬毛縮如蝟,角弓不可張 注:《西京雜記》曰:元封二年,太雪深。《韋曜集》曰:秋風揚沙塵,露霑衣裳。

【陳校】

注「太雪深」。「太」,「大」誤。「雪」上脫「寒」字、「深」下空脫「五尺」二字。又「沙塵」下,脫「寒」字。

【疏證】

《集注》本、奎本以下諸六臣合注本、尤本作「大」、脫「寒」字、有「五尺」二字。「塵」下有「寒」字。謹案:《文章正宗》卷二十二下亦作「大」、脫「寒」字、有「五尺」二字。語見《西京雜記》卷二,正作「大寒,雪深五尺。」宋‧施元之《施註蘇詩‧夜臥濯足》詩末注引同。「秋風」二句,《宋書‧樂志四》、《樂府詩集‧鼓吹曲辭》皆有「寒」字。韋曜,即韋昭,避晉諱也。左克明《古樂府‧鼓吹曲歌辭》錄此署「吳‧韋昭」。陳校當從《西京雜記》、《樂府詩集》、尤本等正毛本之脫誤。尤本「雪」上脫「寒」字,此前胡

漏錄、漏校。

結客少年行場行

題下注：范曄《後漢書》曰：祭遵嘗為部吏所侵，結之報之也。

【陳校】

題注「結之」。「之」，「客」誤。

【疏證】

《集注》本、奎本以下諸六臣合注本、尤本悉作「客」。謹案：事見《後漢書·祭遵傳》，正作「結客」。《樂府詩集·雜曲歌辭·結客少年場行》引作「結客殺人」，亦可為旁證。毛本蓋涉下文而誤，陳校當從《後漢書》、《樂府詩集》、尤本等正之。

負劍遠行遊　注：《燕丹》太子聽秦王姬人鼓琴，琴聲曰：鹿盧之劍，可負而拔。

【陳校】

注「燕丹太子」上下，當有脫誤。「丹」下，當脫「子」字。「燕丹子」，書名也。

【集說】

顧按：此衍「太」字，又「聽」字在「秦王」下也。

胡氏《考異》曰：注「燕丹太子」。「太」字不當有，各本皆衍。陳云：「燕丹子，書名。」是也，載《隋志》。

梁氏《旁證》曰：「太」字不當有。陳曰：「燕丹子，書名。」是也。

【疏證】

奎本以下諸六臣合注本、尤本誤同。《集注》本作「《燕丹子》：秦王姬人鼓琴」。無「太」、「聽」二字。謹案：事亦見《史記·荊軻傳》注引《正義》：「《燕太子篇》云：秦王曰：『今日之事，從子計耳。乞聽琴而死。』召姬人鼓琴。琴聲曰：『羅縠單衣，可裂而絕。八尺屏風，可超而越。鹿盧之劍，可負而拔。』」云云。本條陳校，前胡錄與周鈔《舉正》有歧出。「太字衍」，非陳校，乃顧按，後采入《考異》。然無舛陳校「上下當有脫誤」精神。「聽」字之

校，先出顧按，至《考異》刪去，蓋因「聽」字居「秦王」上亦通，謂軻從秦王之乞，任秦姬鼓琴耳。聽者，從也。毛本失在誤從尤本等，陳校是。「《燕丹子》」一卷，見《隋書‧經籍志三》，注云：「丹，燕王喜太子。」

升高臨四關　注：陸機《洛陽記》曰：洛陽有四關：東為城皋，南伊關。

【陳校】

　　注「城皋」。「城」，「成」誤。又「伊關」。「關」，「闕」誤。

【集說】

　　余氏《音義》曰：「城皋」、「伊關」。何「城」改「成」、「關」改「闕」。

　　胡氏《考異》曰：注「東為城皋。」何校「城」改「成」。陳同。各本皆譌。

　　梁氏《旁證》同胡氏《考異》。

【疏證】

　　《集注》本、明州本、尤本譌「城」、作「闕」。奎本作「成」、誤「關」。贛本、建本譌作「城」、「關」。謹案：《初學記》卷七引《洛陽記》云：「漢洛陽四關：東成皋關、南伊闕關、西函谷關、北孟津關。」《玉海》卷二十四「漢洛陽四關」云：「《文選》鮑昭《樂府》：『升高臨四關』注：『陸士衡《洛陽記》：漢洛陽四關』」云云。自注：《初學記》同。據此，李善、《初學記》作「成」、作「闕」。「城」、「關」字，毛本當誤從建本等，陳校當從《初學記》、尤本等正之。參下江文通《雜體詩三十首‧鮑參軍戎行》「晨上城皋坂」條。

今我獨何為　注：嵇康《憂憤詩》曰：子獨何為。

【陳校】

　　注「憂憤」。「憂」，「幽」誤。又「子獨」。「子」，「予」誤。

【疏證】

　　奎本以下諸六臣合注本、尤本悉作「幽」、「予」。謹案：嵇康詩載在本書，正作「幽」、「予」字，《晉書》、《通志‧嵇康傳》並同。「憂」，毛本因涉正文下句及音近而誤；誤「子」，則形近耳。陳校當從本書內證、尤本等正之。

東門行

傷禽惡弦驚 注：《戰國策》：王曰：光生何以知之？對曰：其飛徐者……創未息而驚心未忘，聞弦音引而高飛，故創隕。

【陳校】

注「光生」。「光」，「先」誤。又「創隕」下，脫「也」字。

【集說】

胡氏《考異》曰：注「故創怯。」茶陵本「怯」作「隕」。袁本亦作「怯」。案：今《楚策》作「隕」。此「怯」當是「抎」字之譌，「抎」、「隕」同字，不知者改之。《永明十一年策秀才文》同誤。陳云：「下脫也字。」今《楚策》有。

梁氏《旁證》曰：今《楚策》「忘」作「去」。尤本「隕」作「怯」。胡公《考異》曰：「今《楚策》作隕」云云。陳校「隕」下添「也」字，亦據《楚策》。今《楚策》「聞弦音引」，作「聞弦者音烈」。

【疏證】

《集注》本、奎本以下諸六臣合注本、尤本悉作「先」、無「也」字。《集注》本、奎本、尤本誤「怯」。明州本、贛本、建本作「隕」。謹案：事見《戰國策·楚策》四，字作「先」、「隕也」。毛本誤「光」，蓋形近；脫「也」，因襲尤本等。陳校當從今本《戰國策》、贛本等補正。前胡說是，《說文·手部》：「抎，有所失也。《春秋傳》曰：『抎子辱矣。』」事見《春秋左傳注疏·成公二年》字正作「隕」。梁氏《旁證》末引今本《楚策》作「聞弦者音烈」，是畫蛇添足。吳師道補曰：「姚及一本無『者』字、『烈』作『引』。其義為是。者，『音』之訛而衍也。烈，『引』之譌也。以瘡痛而墜。」梁不讀吳補耳。「姚及一本」，蓋從《文選》本焉。

苦熱行

題下注：曹植《苦熱行》曰：經主交阯鄉。

【陳校】

題注「經主」。「主」，「歷」誤。

【疏證】

《集注》本、奎本以下諸六臣合注本、尤本悉作「歷」。謹案：《樂府

詩集・雜曲歌辭》作「歷」。此毛本偶誤，陳校當從《樂府詩集》、尤本等正之。

火山赫南威　注：東方朔《神異經》曰：南荒外有火山焉，長四十里，廣曰五里。

【陳校】

　　注「廣曰五里」。「曰」，「四」誤。

【集說】

　　余氏《音義》曰：「廣曰」。六臣「曰」作「四」。

【集說】

　　梁氏《旁證》曰：注「廣五里」。毛本「五」上衍「曰」字。

【疏證】

　　《集注》本、奎本以下諸六臣合注本、尤本悉作「四」。謹案：《太平御覽》卷八百六十九、《水經注・灄水》「又東歷故亭北，右合火山西溪水」注、《後漢書・張衡傳》「憩炎天之所陶」章懷注引《神異經》並作「四」。毛本獨以形近而誤，陳校當從尤本等正之。

焦煙起石圻　注：《南越志》曰：其下有焦石敲蒸之熱，恒數四丈。

【陳校】

　　注「敲蒸」。「敲」，「歊」誤。

【疏證】

　　奎本「敲」。明州本、贛本、建本作「敲」。《集注》本、尤本作「歊」。謹案：「敲」，與「敲」同。《康熙字典・支部》「敲」：「按：攴、支相通，則敲、敲，本一字也。」然「敲蒸」，不辭。諸六臣合注本咸誤。字當從「欠」作「歊」。檢本書《東都賦》「吐金景兮歊浮雲」注：「《說文》曰：『歊，氣上出貌。』」本書屢見用其字：《吳都賦》「歊霧漨浡，雲蒸昏昧」善引劉注：「歊霧，水霧之氣似雲蒸，昏暗不明也。」張茂先《勵志詩》「土積成山，歊蒸鬱冥」注引「張揖《字詁》曰：『歊，氣上出貌。』」可推「歊蒸」者，謂熱氣上蒸也。可證《集注》本、尤本是。毛本作「敲」，其誤與建本等從「攴」同，陳校當從尤本、本書內證等正之。

玄蜂盈十圍 注：《楚辭》曰：赤蟻若象，玄蜂若壺。

【陳校】

注「苦象」。「苦」，「若」誤。

【疏證】

《集注》本、奎本以下諸六臣合注本、尤本悉作「若」。謹案：語見《楚辭章句·招魂》，正作「若」字，《太平御覽》卷九百四十七、《古今事文類聚》後集卷二十引並同，《招魂》載在本書，亦同。今但據下文，亦可推不得作「苦」。毛本獨因形近而誤，陳校當從《楚辭》、本書內證、尤本等正之。

含沙射流影 注：于寶《搜神記》曰。

【陳校】

注「于寶」。「于」，「干」誤。

【疏證】

《集注》本、奎本同。明州本、贛本、尤本、建本作「干」。謹案：毛本當有所出，陳校當從尤本等正之。何氏《讀書記》曰：「宋人定為干」。說詳下《晉紀論晉武帝革命》「于令升」條。

鄣氣晝熏體 注：《吳志》：華覈表曰：蒼梧南海，歲有厲風鄣氣。

【陳校】

注「厲風」。「厲」，「癘」誤。

【集說】

胡氏《箋證》曰：自《玉篇》始云「瘴癘也。」……本書《廣絕交論》：「寄命障癘之地」，作「障」。何氏焯引周靖云：「本是山嵐之氣，後人乃轉為瘴字。」

許氏《筆記》曰：《說文》：「障，隔也，癘，惡疾也。」注中「瘴」字乃俗作之，亦當改「障」。嘉德案：《說文》無「瘴」，古但作「障」。《玉篇》作「瘴癘」，他書皆承用。

【疏證】

奎本以下諸六臣合注本、尤本悉作「癘」。《集注》本作「舊」。謹案：語見《吳志·陸胤傳》，今本《三國志》作「舊風障氣」。四庫館臣考證云：「按：

『舊風障氣』，疑有誤。觀下文『折木飛砂轉石』，則『舊風』，當作『暴風』；『霧欝飛鳥不經』，則『障氣』，當為『瘴氣』也。」館臣之說，蓋出《冊府元龜》卷四百六十八，正作「暴風瘴氣」，然恐非是。「瘴」係「厲」之後起字。後胡、許氏並云「《玉篇》始作瘴癘」，是也。《毛詩注疏・大雅・瞻卬》「孔填不寧，降此大厲」。傳：「厲，惡也。」《漢書・嚴安傳》：「民不夭厲，和之至也」顏注：「厲，病也。」皆二家說之證。「障」，則「瘴」之古字。總而言之：毛本引《吳志》作「厲」、「鄣」二字皆不誤，陳亦不必據尤本等改焉。陳校不及「鄣氣」字，蓋亦不以「障」為誤也。《集注》本當從今本《吳志》，亦得。

飢猿不下食　注：《列女傳》：陶答子妻曰：玄豹露雨，七日不下食。

【陳校】

注「玄豹露雨」。「露」，「霧」誤。

【集說】

余氏《音義》曰：「露雨」。「露」，何改「霧」。

【疏證】

奎本以下諸六臣合注本、尤本悉作「霧」。《集注》本無「《列女傳》」至「下食」十七字。謹案：事見《古列女傳・陶答子妻》，正作「霧」字，《太平御覽》卷十五、卷四百七十二引《列女傳》並同。毛本獨因形近而誤，陳校當從《列女傳》、尤本等正之。

毒涇尚多死，渡瀘寧具肥　注：言秦人毒涇，尚或多死，況今毒屬乎？諸葛渡瀘，寧有俱病也。《左氏傳》曰：諸侯之大夫從晉侯伐秦，濟涇而次。秦人毒涇上流，師人多死。諸葛亮《表》曰：五月渡瀘，深入不毛。《毛詩》曰：秋日淒淒，百卉俱腓。毛萇曰：腓，病也。腓，音肥。

【陳校】

「渡瀘寧具肥」。「肥」，「腓」誤。又注「毒屬」。「屬」，「瘴」誤。又「寧有俱病」。按詩言「寧具腓」者，言渡瀘之人豈止俱病，殆必無生理也。注（會誤）〔誤會〕。又「俱腓」。「俱」，「具」誤。

【集說】

顧按：（「肥，腓誤」下）此當是「痱」字，見前謝靈運《戲馬臺集詩》注。

胡氏《考異》曰：「渡瀘寧具腓」。茶陵本「腓」作「肥」，云：五臣作「腓」。袁本云：善作「肥」。案：善引《毛詩》注「具腓」，又云：「腓，音肥。」正文自不作「肥」，二本所見非也。此蓋未誤，或亦尤校改正之。

梁氏《旁證》曰：六臣本校云：「腓，善作肥。」誤也。

【疏證】

《敦煌‧法藏本》2554 頁、《集注》本、尤本作「腓」。奎本、明州本作「腓」，校云：善本作「肥」。贛本、建本作「肥」，校云：五臣作「腓」。注「俱腓」。奎本以下諸六臣合注本、尤本悉作「具腓」，《集注》本作「其腓」。謹案：注引「《毛詩》」，見《毛詩注疏‧小雅‧四月》「百卉具腓」毛《傳》云：「腓，病也。」顧云「謝詩注」，則見本書「淒淒陽卉腓」下，善注云：「《韓詩》曰：『秋日淒淒，百卉俱腓。』薛君曰：『腓，變也。俱變而黃也。腓，音肥。』毛萇曰：『痱，病也。今本作腓字，非。』」乃李善所見《毛詩》本作「痱」，《韓詩》作「腓」。善注以「今本」《毛詩》作「腓」者誤，顧氏初從之，因有上批。然「腓」實「痱」之借字。《說文通訓定聲‧履部》：「腓」段借為「痱」。《論衡‧訂鬼》「中人微者即為腓」。劉盼遂《集解》引孫詒讓曰：「腓，當為痱之段字」。皆可證。顧氏悟前批之非，故為《考異》時不取。陳校當從尤本等改，是也。前胡論茶、袁「二本所見非」，亦是。注「俱腓」，《毛詩》作「具」、《韓詩》為「俱」，二字本通，然善引既是「《毛詩》」，故是毛本獨誤。陳校據尤本等正之，合是。至于「厲」字。《集注》本作「厲」，奎本以下諸六臣合注本、尤本悉作「癘」。說已見上文，毛本不誤。又「寧有俱病」云云，係陳校兼論善注誤會詩人文義之非。本條在周鈔《舉正》，「腓」字正文與注割為二條，疏證頗嫌辭費，不得已作技術處理，合二為一焉。

白頭吟

題下注：《西京雜記》曰：司馬相如將聘茂陵一女為妾，文君作《白頭吟》以自絕。

【陳校】

題注「一女」。「一」，「人」誤。

【疏證】

《集注》本、奎本、明州本、尤本、建本作「一」，贛本作「二」。謹案：

事見《西京雜記》卷三，正作「人」字，《樂府詩集・相和歌辭》同。《太平御覽》卷三百九十二引《西京雜記》作「人」，然下脫「女」字。《文章正宗》卷二十二下引則作「之女」。異文紛雜。毛本當從尤本等，或善所見本如此，陳校則從今本《西京雜記》等。

毫髮一為瑕，丘山不可勝　注：李元《戟銘》曰。孫盛曰：劉琨、王浚，睚眦起於絲髮。

【陳校】

　　注「李元」。「元」，「尤」誤。「睚眦」。「睚」，「睚」誤。

【疏證】

　　《集注》本、奎本、明州本、尤本、建本作「尤」、「睚」。贛本誤「元」、作「睚」。謹案：李氏銘文，見《太平御覽》卷三百五十三、《玉海》卷一百五十一，並作「尤」字。毛本當誤從贛本系統。作「睚」，蓋傳刻形近而譌。陳校當從尤本等正之。

鳧鵠遠成美　注：《韓詩外傳》曰：田饒曰：黃鵠舉千里，止君園，食君魚。

【陳校】

　　「黃鵠」下，空脫「一」字。

【疏證】

　　《集注》本、奎本以下諸六臣合注本、尤本悉有「一」字。謹案：語見《韓詩外傳》卷二，正有「一」字，《藝文類聚》卷九十、《太平御覽》卷二百四等引同。本書蘇子卿《古詩四首（黃鶴）》「黃鵠一遠別」注、沈休文《詠湖中鴈詩》「一舉還故鄉」注引《外傳》悉有「一」字。毛本傳寫偶脫，陳校當從《外傳》、本書內證、尤本等補之。

放歌行

將起黃金臺

【陳校】

　　末脫「今君有何疾，臨路獨遲回」一聯。

【集說】

梁氏《旁證》曰：毛本誤脫此二句。

【疏證】

《集注》本、奎本以下諸六臣本、尤本皆有「今君」此一聯，然奎本等有銑注而無善注，尤本無注。謹案：《藝文類聚》卷四十二、《樂府詩集・相和歌辭》咸有此一聯。觀《樂府詩集》載《放歌行》凡三家：傅玄、鮑照、王昌齡。篇幅長短各異：傅二十，鮑二十二，王二十四句。鮑多出傅二句，而善無注，殊為可疑。竊以為：若非衍此一聯，則尚逸一聯。當以後者可能為大，蓋以「豈伊白璧賜，將起黃金臺」二句收尾，似收煞不住。李善所見本恐脫四句而非一聯。毛本良有以也。五臣本有「今君」一聯，蓋從《藝文類聚》補入，以求異李善本爾。陳校當從尤本、類書等，然未必的是。

升天行

暫遊越萬里，近別數千齡　注：《神僊傳》：吾一舉千萬里，吾未之能焉明先生別傳曰：先生隨神（士）女。

【陳校】

注「吾未之能焉明先生」。「焉」，「馬」誤。「明」下衍「先」字。

【集說】

余氏《音義》曰：「焉明」，「焉」，何改「馬」。

【疏證】

《集注》本、奎本以下諸六臣合注本、尤本悉作「馬」、有「先」字。謹案：《北堂書鈔》卷一百三十三《儀飾・牀》云：「《馬明生別傳》曰：明生隨神女入室中」，《初學記》卷二十五引同。《太平御覽》卷七百六作：「《馬明先生別傳》曰：明生隨神女還岱宗。」《記纂淵海》卷九十二作：《馮明生別傳》：「馮明生為縣吏，捕賊為賊所傷殆死。遇神女以藥與服……明生隨神女還岱宗，見安期生曰」云云。《太平廣記》卷五十七《太真夫人》，亦作「馬明生」。諸類書、總集惟《御覽》書名有「先」字，然文卻逕稱「明生」，與他書同，明與書名不合，足證《別傳》題中「先」字為衍。奎本、尤本等已覺察題與文稱呼之抵牾，不以題為衍，反從題改文中「明」作「先」，誤亦甚矣。毛本「焉」字之誤在形近，「先」字之衍，則緣因襲尤本等耳。陳校改「馬」，當有贛、尤

二本之助，正「先」字之衍，則當從上下文義及類書、總集爾。

鳳臺無還駕 注：《列女傳》曰：蕭史者，秦繆公時人也。

【陳校】

　　注「《列女傳》」。「女」，「仙」誤。

【集說】

　　余氏《音義》曰：「列女」。「女」，何改「仙」。

【疏證】

　　《集注》本、奎本以下諸六臣合注本、尤本悉作「仙」。謹案：事見《列仙傳·蕭史》。《藝文類聚》卷四十四引作「仙」。《太平御覽》卷一百七十八、卷五百八十一、卷六百六十二引皆作「仙」，惟卷三百八十一引作「劉向《列女傳》」。《漢志》劉向有《列女》而無《列仙》，魏晉有作者托名劉氏，《隋志》著錄，見疑於宋儒，故今本《御覽》偶見有歸之《列女》，蓋其書體例一仿《列女》。本書江文通《雜體詩三十首·班婕妤》「畫作秦王女」注亦作「仙」。陳、何校當從《列仙傳》、本書內證、尤本等正之。

鼓吹曲一首　謝玄暉

題下注：《集》云：奉隋王教作古入朝曲。

【陳校】

　　題注「隋」，「隨」誤。

【集說】

　　孫氏《讀書脞錄》卷七「隋字作隨」曰：顧亭林《金石文字記》云：「隋字作隨。當日金石之文二字通用，自司馬溫公作《通鑑》以後，始壹用隋字，而《水經注》『滇水，東南逕隋縣西』，隨字作隋，則知此自古人省筆之字。謂『文帝始去辵而為隋』者，未必然也。」志祖案：隋文帝因周齊之閒不遑寧處，省辵為隋。此徐楚金之說。自注：《困學紀聞》引亦見《通鑑注》，本之《廣韻》也。隋隨二字音義各別，古人未必通用。蓋文帝始改國號為隋，而當時學士沿寫已久，故金石之文往往仍書作隨。自注：《書·舜典》、《武成》、《呂刑》正義並有「大隨」語，蓋襲劉炫之文。至《水經注》之隋字，則譌字也，新刻本已改正矣。

孫氏《考異》曰：何云：「《史記》雖本有『隋』字，但此處『隋』字，宋本及《後漢書》皆作『隨』，不獨隋文帝始去『辵』也。見孫氏《考異·西都賦》「隋侯明月」條。

徐氏《糾何》曰：隋文帝以前，「隋」訓「裂肉」，徒果切，不與「隨」同。今之經書，傳寫摹刻，任意互更。是書中如「隨珠」自注：張平子《吳都賦》：「綴隨珠以為燭」。「隨掌」自注：劉越石《答盧諶詩序》：「夜光之珠，何得專玩於隨掌」、「隨和」自注：班孟堅《典引》：「親隨和者難為珍」。「和隨」，班孟堅《答賓戲》：「和隨之珍」，即此「隨侯」之「隨」，不當作「隋」也。謝元暉《辭隨王牋》「隨」亦宜作「隨」。見《糾何·西都賦》「隋侯明月」條。

許氏《筆記》曰：何校「隋」改「隨」。顧寧人云：「隋字，《史》《漢》有之，不始於隋也。」案：《說文》：「隋，裂肉也。徒果切。」自隋以後，始有「隨」音，梁、陳以前並不以「隋」為「隨」。顧知《史》、《漢》有「隋」字，而不知今之《史》、《漢》為人傳寫失真者甚多譌字也。見《筆記·西都賦》「隋侯明月」條。

【疏證】

諸《文選》本悉同。謹案：毛本當誤從尤本等，陳、何校是。孫氏二說、徐、許說並是也。高氏《義疏》、黃氏《平點》等皆從之。參拙著《何校集證》。顧亭林「古人省筆」說，或亦可通，然當歸俗字，亦在可正之列，至謂「通用」，則不可。孫駁得焉。

逶迤帶淥水，迢遞起朱樓 注：《吳都賦》曰：亘以淥水。劉逵注曰：迢遞，遠望懸絕也。

【陳校】

注「亘以淥水。劉逵注曰：迢遞，遠望懸絕也」十五字，文義不明，當作「又曰：『曠瞻迢遞』，劉逵注曰：『迢遞，遠貌。』」

【疏證】

奎本以下諸六臣合注本、尤本悉同。《集注》本作有「亘以淥水」句，無「劉逵注」十一字。謹案：十五字，毛本當從尤本等。陳校蓋從《吳都賦》劉逵注「迢遞」字而推得，然細究之，若從陳校，「曠瞻」無釋，「懸絕」羨衍，咸有疑竇。今按《龍筋鳳髓判·左右驍衛二條》「迢遞蒼松之外」注引「劉逵

《吳都賦》注:『迢遞,遠望懸絕也』」,與善引一一合,是善注未必誤也。「懸絕」乃謂相距甚遠,為「遠望」之補語耳。陳改疑非。

飛甍夾馳道　注:《吳都賦》曰:飛甍舛戶。

【陳校】

注「舛戶」。「戶」,「互」誤。

【疏證】

奎本以下諸六臣合注本、尤本悉作「互」。《集注》本作「乊」。謹案:《吳都賦》載在本書,正作「互」字。本書鮑明遠《詠史詩》「飛甍各鱗次」注、謝玄暉《晚登三山還望京邑》「白日麗飛甍」注引並同。毛本蓋音近而誤,陳校當從本書內證、尤本等正之。「乊」乃「互」之俗字。《敦煌文獻》S.6631Vg《辭父母讚文一本》:「乊相貪然結因緣」,是其證。

凝笳翼高蓋　注:《小雅》曰:翼,送也。

【陳校】

注「《小雅》」。「小」下,脫「爾」字。

【疏證】

《集注》本、奎本以下諸六臣合注本、尤本悉脫。謹案:語見《孔叢子·居衛》作:「祖、翼,送也。」本書善注「《小爾雅》」例稱「《小雅》」。毛本蓋誤從尤本等。陳校是。參《西都賦》「度宏規而大起」條等。

獻納雲臺表　注:《西京賦序》曰:朝夕論思,日月獻納。

【陳校】

注「西京」。「西」,「兩」誤。

【集說】

胡氏《考異》曰:注「《兩京賦序》曰」。案:「京」,當作「都」,各本皆誤。

梁氏《旁證》曰:毛本「兩」誤作「西」。餘同胡氏《考異》。

【疏證】

奎本以下諸六臣合注本、尤本悉誤作「兩京」。《集注》本作「兩都」。謹

案：「朝夕」二語，正見本書《兩都賦序》。奎本等六臣合注本、尤本悉誤一字，而毛本獨誤二字。奎本之譌，蓋因合上聯「凝笳」二句為一科段設注，上聯注有引「《西京賦》」，奎本遂涉上「京」字而誤，尤本則各二句下設注，本不當有涉上誤之虞，今則同六臣合注本如出一轍，此亦再證尤本剝離自六臣本，而非直接來自監本也。毛本誤「京」，當承尤本等；誤「西」，則因形近耳。陳校得失參半，蓋偶疏檢點。

挽歌詩一首　繆熙伯

朝發高堂上　注：《論衡》曰：親之生也，生之高堂之上。

【陳校】

注「生之高堂」。「生」，「坐」誤。

【集說】

胡氏《考異》曰：注「生之高堂之上。」陳曰云云。是也，各本皆譌。

梁氏《旁證》同胡氏《考異》。

【疏證】

奎本、明州本、尤本、建本誤同。《集注》本、贛本作「坐」。謹案：語見《論衡・薄葬篇》，字正作「坐」。奎本等蓋涉上而誤，毛本當誤從尤本等，陳校當從《論衡》、贛本等正之。

白日入虞淵，懸車息駟馬　注：《淮南子》曰：（日）爰息其馬，是為懸車；至于虞淵，是謂黃昏。

【陳校】

注「是謂黃昏。」「謂」，「為」誤。

【疏證】

奎本以下諸六臣合注本、尤本悉同。《集注》本「懸車」、「黃昏」上皆作「謂」。謹案：《淮南子・天文》篇作兩「謂」字。《古微書・尚書緯》引《淮南子》同。《北堂書鈔》卷一百四十九作「是謂黃昏」。「謂」與「為」通，見上《吳都賦》「略舉其梗概」條，既非五臣與善之別，本可通用。即就本書而言，揚子雲《羽獵賦》「邪界虞淵」注、嵇叔夜《琴賦》「夕納景于虞淵兮」注

引並作「謂」；惟陸士衡《擬古詩十二首・擬庭中有奇樹》「虞淵引絕景」注作「虞淵，已見上文」，實亦作「謂」。足證「謂」字不誤。毛本蓋從尤本等。陳校則泥於上文「是為懸車」，不知此本作者修辭變化，力避重複故爾。

造化雖神明，安能復存我　注：高誘曰：造化，天地生也存，已見上文。

【陳校】

　　注「生也」二字，當乙。

【集說】

　　胡氏《考異》曰：注「天地生也存」。何校「生也」二字乙轉。陳同。各本皆倒。

　　梁氏《旁證》曰：何校「生也」二字互乙。各本皆誤。

【疏證】

　　奎本、明州本、尤本同。贛本、建本作：「高誘曰：『造化天地生也。』《尸子》曰：『其生也存。』」《集注》本作：「造化，天地也。生，謂之存，已見陸士衡《門有車馬客行》。」謹案：此兩句注，善本當作：「高誘曰：『造化，天地也。』存，已見上文。」善引高說，注上句「造化」，用「已見上文」例，釋下句「存」字。並非釋「生存」二字，故校當刪「生」字。陳、何校乙轉「生也」二字，尚失之眉睫間焉，奎本、明州本、尤本皆衍一「生」字。贛本、建本衍「生」字，又複出「存」字《尸子》注，益誤。《集注》最是，然善注引「《尸子》曰：其生也存，其死也亡」兩句，見本書陸士衡《樂府十七首・門有車馬客行》「惻愴論存亡」援引外，盧子諒《贈劉琨》注「感存念亡」，引用在前，理當據引；再者，按善注體例，亦不當複出。

挽歌詩三首　陸士衡

（卜擇）龍幰被廣柳　注：晉灼《漢書》曰：柳，聚也。

【陳校】

　　注「晉灼《漢書》」下，脫「注」字。

【疏證】

　　奎本以下諸六臣合注本、尤本悉脫「注」字。《集注》本並無「晉灼」以

下八字。謹案：晉注，見《漢書·季布傳》「置廣柳車中」句下。《隋書·經籍注二》：「《漢書集注》十三卷。晉灼撰」。毛本蓋誤從尤本等，陳校固無待披閱《漢書》、《隋書》等，但據上下文義，應手可補之。

聽我《薤露》詩　注：崔豹《古今注》曰：此亦呼為挽歌也。

【陳校】

　　注「此亦呼為」。「此」，「世」誤。

【疏證】

　　《集注》本、奎本以下諸六臣合注本、尤本悉作「世」。謹案：《史記·田儋列傳》「以王者禮葬田橫」正義引崔豹《古今注》，作「俗」字，此或諱唐改之。毛本因形近而誤，陳校當從尤本等正之。

飲餞觴莫舉，出宿歸無期　注：《毛詩》曰：出宿於齊。

【陳校】

　　注「出宿於齊。」「齊」，「沛」誤。

【疏證】

　　《集注》本、奎本以下諸六臣合注本作「濟」，尤本作「沛」。謹案：語見《毛詩注疏·邶風·泉水》正作「沛」，本書顏延年《應詔讌曲水作詩》「事兼出沛」注同。然本書謝宣遠《王撫軍庾西陽集別——》「指途念出宿」注、謝靈運《初發石首城》「出宿薄京畿」注引《毛詩》，並同奎本等六臣合注本作「濟」，《初學記》卷十八「宿濟」注亦同。然則，李善所見《毛詩》當非止一本。參上《王撫軍庾西陽集別——》「舉觴矜飲餞」條。又，「齊」，與「濟」通。《荀子·王霸》：「不務張其義，齊其信，惟利之求。」王先謙集解：「《群書治要》齊，作濟」；《管子·霸言》「精于權，則天下之兵可齊，諸侯之君可朝也。」俞樾平議：「齊，讀為濟……『天下之兵可濟』，謂天下之兵可止也。」皆其證。然則，毛本作「齊」，或有所據，陳校以「齊」誤，亦未必然也。

周親咸奔湊　注：《尚書》孔安國曰：周，至也。

【陳校】

　　注「孔安國」下，脫「注」字。

【疏證】

奎本以下諸六臣合注本、尤本悉脫。《集注》本無「孔安國」以下七字。謹案：語見《尚書注疏·泰誓》孔《傳》。本書嵇叔夜《幽憤詩》「萬石周慎」注引孔《傳》有「注」字。毛本誤從尤本等，陳校當從《尚書》、本書內證等正之。

翼翼飛輕軒，駸駸策素騏　注：《毛詩》曰：乘其四駱，載驟駸駸。

【陳校】

注「乘其四駱。」「乘其」，當作「駕彼」。

【集說】

胡氏《考異》曰：注「乘其四駱。」陳曰云云。是也，各本皆誤。

梁氏《旁證》同胡氏《考異》。

【疏證】

奎本以下諸六臣合注本、尤本誤悉同。《集注》本作「乘其四旗，四旗翼翼。」又曰：「駕彼四駱，載驟駸駸。」謹案：《毛詩》見《小雅·采芑》，作「乘其四騏」云云；又見《小雅·四牡》，正作「駕彼四駱」云云，本書阮嗣宗《詠懷十七首（湛湛）》「青驪逝駸駸」注引同。善引《采芑》釋上句「翼翼」，引《四牡》蓋釋下句「駸駸」爾。故《集注》兩引，復間以「又曰」字，最得善注之真。再見彼於《文選》校勘不可或缺也。奎、尤諸本皆錯接而有脫文。毛本當誤從尤本等，陳校、前胡等說亦非。「旗」，與「騏」通。

嘆息重櫬側　注：杜預《左氏傳》曰：櫬，棺也。

【陳校】

注「《左氏傳》」下，脫「注」字。

【疏證】

奎本以下諸六臣合注本、尤本悉脫。《集注》本有「注」字。謹案：語見《春秋左傳注疏·僖公六年》，正為杜注。潘安仁《楊仲武誄》「撫櫬盡哀」注、《哀永逝文》「撫靈櫬兮」注引杜並有「注」字。毛本當誤從尤本等，陳校固不煩披閱《左傳》、本書內證，應手可補也。此亦前胡漏錄漏校例。

殺子非所能

【陳校】

「殺」,「救」誤。

【集說】

余氏《音義》曰:何曰:「此用芊尹申亥殺女殉靈王。殺子,宋本殺作救。」

孫氏《考異》曰:何曰云云。志祖按:劉良注「欲以身殉子,亡歿甚易,獨救子不能致焉」,則「殺」字為「救」字之誤無疑,不必強解也。況通首「子」字,皆指死者而言,義甚明顯。

梁氏《旁證》曰:六臣本「救」作「殺」。何曰:「此用芊尹申亥殺二女殉靈王事。」按:良注:「欲以身殉子亡沒甚易,獨救子不能致焉」,則五臣亦作「救」,況前後「子」字,皆指死者而言,「殺」字恐誤。

胡氏《箋證》曰:《旁證》本作「救子」,引良注云:『欲以身殉子亡沒甚易,獨救子不能致焉。』是五臣亦作「救」,況前後「子」字,皆指死者而言,「殺」字恐誤。

許氏《筆記》曰:何曰云云。案:《左傳》「昭十三年,夏五月癸亥。王縊于芊尹申亥氏,申亥以其二女殉而葬之。」嘉德案:宋本「殺」作「救」,從五臣良注也,六臣本無校語。

【疏證】

贛本、建本同。《集注》本及引陸善經注、五臣正德本及陳本,奎本、明州本、尤本並作「救」,《古今事文類聚》前集卷五十九、《樂府詩集》卷二十七、宋・吳棫《韻補》卷一「能」字注、《古今合璧事類備要》前集卷六十八引並同。謹案:五臣亦作「救」,良注可證。贛本譌改,建本、毛本遞相因之。陳、何校蓋依尤本等正。孫氏說是,梁氏蓋襲孫氏,後胡又仍《旁證》耳。

含言言哽咽　注:劉表《與袁譚書》曰:聞之哽咽,若有若亡。

【陳校】

注「若有」。「有」,「存」誤。

【集說】

余氏《音義》曰:「若有」。「有」,何改「存」。

【疏證】

　　《集注》本、奎本以下諸六臣合注本、尤本悉作「存」。謹案：事見《後漢書·袁譚傳》，字亦作「存」。此毛本獨傳寫形近而誤，陳、何蓋據尤本、《後漢書》等正。

（重阜）側聽陰溝涌　注：古之葬者，於塘中為天象及江河、陰溝。

【陳校】

　　注「塘中」。「塘」，「壙」誤。

【疏證】

　　《集注》本、奎本以下諸六臣合注本、尤本悉作「壙」。謹案：此毛本手民形近而誤，陳校當從尤本等正之。

昔居四民宅　注：《管子》曰：士農工商四民者，國之王民也。

【陳校】

　　注「王民」。「王」，「正」誤。

【疏證】

　　奎本、贛本、尤本、建本悉作「正」。明州本作「厎」。《集注》本作「石」。謹案：本書潘安仁《藉田賦》「四（人）［民］之務不壹」注、嵇叔夜《與山巨源絕交書》「故四民有業」注、揚子雲《劇秦美新》「而術前典巡四民」注引《管子》作「正」，咸同奎本、尤本等。然今本《管子·小匡》作「石」，房玄齡注：「四者，國之本，猶柱之石也，故曰石也，」本書陳孔璋《檄吳將校部曲》「四民反業」同。王元長《永明十一年策秀才文（又問朕聞上智）》「四民富而歸文學」注引則作「右」。「右」，顯係「石」之譌。明州本作「厎」，《說文·厂部》：「厎，柔石也。從厂，氏聲。砥，厎或從石。」從「石民」出焉。「王」，蓋「正」之誤。然「王民」、「石民」，皆不辭，當居民之譌。《管子·小匡》：「桓公曰：『定民之居，成民之事，奈何？』管子對曰：『士農工商四民者，國之石民也自注：尹知章注：四者國之本，猶柱之石也，故曰石也不可使四者雜處；雜處則其言哤，其事亂。』」《正字通·石部》：「石，隸加一點一畫，作石，或作后，象碎石形。」見《祝睦碑》：登山鐫石。故形近「居」而譌耳。

今託萬鬼鄰　注：《海水經》曰：東海中有山焉，名度索。

【陳校】

　　注「《海水經》」。「水」，「東」誤。

【集說】

　　余氏《音義》曰：「海水」。「水」，何改「東」。

　　顧按：今《山海經》無此文。

　　胡氏《考異》曰：注「《海水經》曰」。何校「水」改「東」。陳同。謹案：各本皆作「水」，「水」，疑「外」字形近之譌，但今《山海經》未見此文，無以決定也。

　　梁氏《旁證》曰：「《海水經》」，當是「《山海經》」之誤。何校「水」改「東」。胡公《考異》又疑為「外」字形近之誤。但今《山海經》無此語。惟《後漢書·禮儀志》注引《山海經》曰：「東海中有度索山，上有大桃樹，蟠屈三千里。其卑枝門曰：『東北鬼門，萬鬼出入也。』」與此類同。

【疏證】

　　奎本、明州本、建本、尤本誤同。贛本作「東」。《集注》本作「外」。謹案：胡氏《考異》說，與《集注》本作「外」竟合。宋·鮑彪《戰國策注·齊策》亦作「外」。今《山海經》未見此文。贛本作「東」，似從注「東海」來，何則從贛本。還當以前胡說為得。

昔為七尺軀　注：《淮南子》曰：吾生也有七尺之形，吾死也有一棺之土。

【陳校】

　　注「一（尺）〔棺〕之士」。「士」，「土」誤。

【疏證】

　　《集注》本、奎本以下諸六臣合注本、尤本悉作「土」。謹案：語見《淮南子·精神》篇，正作「土」，本書張孟陽《七哀詩》「今為丘山土」注引亦作「土」。《北堂書鈔》卷九十二、《太平御覽》卷五百五十一引、《初學記》卷十四「為一棺土」注引並作「土」。毛本獨因形近而誤，陳校當從上下文義、《淮南子》、本書內證、尤本等正之。

妍姿永夷滅　注：《爾雅》曰：泯，盡也。

【陳校】

　　「滅」，當作「泯」。

【疏證】

　　《集注》本作「汦」。奎本以下諸六臣合注本、尤本悉作「泯」。謹案：《爾雅》見《釋詁》篇，作：「戮、悉、卒、泯、忽、滅……盡也」。周鈔作「泯」，與「泯」同。唐・張懷瓘《書斷》卷中《妙品》：「自杜林、衛密以來，古文泯絕，由邯鄲淳復著。」是其證。《太平御覽》卷五百五十二、《樂府詩集・相和歌辭》亦作「泯」。泯、滅，雖同有「盡」義，然據類書、總集等旁證，且毛本作「滅」之來歷清楚，蓋涉注上文「《廣雅》曰：『夷，滅也』」而誤，故可確定正文作「滅」之譌。陳校當從類書、總集、尤本等正之。「汦」，乃「泯」之諱字。《敦煌文獻》S.2832《願文等範本・亡禪師》「廣傳法燈，闇相自汦」可證。

（流離）魂輿寂無響　注：《儀禮》曰：鄭玄曰：進車者，象生時將行陳薦。

【陳校】

　　注「陳薦」。「薦」，「駕」誤。

【疏證】

　　《集注》本、奎本以下諸六臣合注本、尤本悉作「駕」。謹案：語見《儀禮注疏・既夕》，字正作「駕」，王應麟《漢制攷・儀禮》同。陳校當從《儀禮》、尤本等正之。

備物象平生　注：《禮記》：孔子為明器者。

【陳校】

　　注「孔子為明器」。「為」上脫「謂」字。

【集說】

　　胡氏《考異》曰：注「孔子為明器者。」陳曰云云。是也，各本皆脫。
　　梁氏《旁證》同胡氏《考異》。

【疏證】

　　奎本、明州本、建本脫同。《集注》本、贛本、尤本有「謂」字。謹案：語見《禮記注疏・檀弓下》，正有「謂」字，宋・黃震《黃氏日抄・讀禮記》引、《北堂書鈔》卷九十四「明器備而不用」注引並同。毛本當誤從建本等，陳校當從《禮記》、尤本等補。

傾雲結流靄　　注：《文字集略》曰：靄，雲雨收也。

【陳校】

　　注「雲雨收」。「收」，「狀」誤。

【疏證】

　　《集注》本、奎本以下諸六臣合注本、尤本悉作「狀」。謹案：《玉篇・雨部》：「靄，雲狀。」《集韻・曷韻》：「靄，雲霧皃。」並可為作《集略》作「狀」之佐證。毛本傳寫獨因形近而誤，陳校當從上下文義正之。

歌一首　　荊軻

風蕭蕭兮易水寒　壯士一去不復還　　注：蕭蕭，風聲也。易水，水名。壯士，軻自謂也。自言為事成敗俱不還也。

【陳校】

　　「去」下脫「兮」字。又，此下乃李周翰注。當削。

【集說】

　　余氏《音義》曰：何曰：「蕭蕭至末，此李周翰注。宋本無。」

　　許氏《筆記》曰：「復還」下，注「蕭蕭風聲也」二十五字，五臣注誤入，削。

【疏證】

　　《集注》本、諸《文選》本悉有「兮」字。尤本注無「蕭蕭」至「還也」二十五字。《集注》本、五臣正德本及陳本、六臣合注本皆為翰注。謹案：《史記・荊軻傳》、《戰國策・燕策三》、《藝文類聚》卷四十三、《太平御覽》卷九、卷六十四及卷五百七十二、《樂府詩集・琴曲歌辭》引並有「兮」字。毛本獨脫「兮」、誤入翰注二十五字。此亦毛本刪五臣未盡、且並非直接出尤本之證。

陳校當從類書、總集、尤本等正之。

扶風歌一首　劉越石

劉越石　注：《集》云：《扶風歌》九首，然以兩韻為一首。今此合之，皆誤。

【陳校】

　　注「合之皆誤」。「皆」，「蓋」誤。

【疏證】

　　《集注》本、奎本以下諸六臣合注本、尤本悉作「蓋」。謹案：此毛本獨譌，陳校當從上下文義及尤本等正之。《樂府詩集・雜歌謠辭》作「扶風歌九首」，當從劉《集》、善注。

吟嘯絕巖中　注：李後書曰：吟嘯成羣。

【陳校】

　　注「李後」。「後」，「陵」誤。

【疏證】

　　《集注》本、奎本以下諸六臣合注本、尤本悉作「陵」。謹案：《書》，見本書李少卿《答蘇武書》。《白孔六帖》卷六十二「胡笳互動」注作「李陵《書》」。《藝文類聚》卷三十作「李陵《重報（蘇武）書》」、《太平御覽》卷二十五、卷四百八十八作「李陵《與蘇武書》」；卷八百作「李陵《報蘇武書》」。毛本獨因形近而誤，陳校當從本書內證、類書、尤本等正之。

我欲競此曲　注：宋子侯歌曰：吾欲競此曲。

【陳校】

　　「競」，疑「竟」誤。注同。

【集說】

　　余氏《音義》曰：「競」。五臣作「竟」。
　　孫氏《考異》曰：「競」。潘校改「竟」。

胡氏《考異》曰：「我欲競此曲」。陳曰云云。案：所校是也。袁本云：善作「競」。茶陵本云：五臣作「竟」。各本所見皆非，「競」，即「竟」傳寫誤，非善如此。

梁氏《旁證》曰：「我欲競此曲。」六臣本「競」，作「竟」，是也。此傳寫誤。注同。

胡氏《箋證》曰：《旁證》云：「五臣作『竟』，是也。此傳寫誤。」紹煐按：《說文》「竟，樂曲盡為竟。」可為此詩「竟」字確注。

許氏《筆記》曰：「競此曲」之「競」，當作「竟」。注中同。嘉德案：陳云：「競，疑竟誤。」所校是也。六臣本云：「善作競，五臣作竟」，此據譌本言之耳。胡曰：「六臣所見非。作競者傳寫誤，非善如此。」

【疏證】

尤本並注同。五臣正德本及陳本作「竟」。《集注》本並注作「竟」。奎本、明州本作「竟」，校云：善本作「競」。贛本、建本作「競」，校云：五臣作「竟」。謹案：《文章正宗》卷二十二上同尤本作「競」。《玉臺新詠》卷一作「宋子侯《董嬌嬈詩》」，作「竟」。《藝文類聚》卷八十八、《樂府詩集·雜曲歌辭》並同。競，竟字古通。《古微書》卷十七「死士為蒼鸞之旗，競士為虎旗。」《墨子·旗幟》：「死士為蒼英之旗，竟士為虎旗。」孫詒讓《間詁》：「竟，競之借字。」《柳河東集·李靖滅吐谷渾西海上為吐谷渾》「登高望還師，竟野如春華」，「竟」下注：「一作競。」是競、竟通假之證。毛本當從尤本等，陳疑未必是也。

棄置勿重陳　注：魏文章《雜詩》曰：棄置勿復陳。

【陳校】

注「魏文章」。「章」，「帝」誤。

【疏證】

《集注》本、奎本以下諸六臣合注本、尤本悉作「帝」。謹案：語見本書魏文帝《雜詩（西北）》篇。《海錄碎事》卷九下、《文章正宗》卷二十二上引、《九家集注杜詩·雨過蘇端》「撥棄不擬道」注引本詩，亦作「帝」。此毛本手民偶誤。陳校當從本書內證、尤本等正之。

中山王孺子妾歌一首　　陸韓卿

陸韓卿　注：《漢書》曰：詔賜中山靖王噲及孺子妾並未央才人歌詩四篇。

【陳校】

　　注「靖王噲」。「王」下脫「子」字。又「妾並」。「並」，「冰」誤。

【集說】

　　余氏《音義》曰：「靖王」下，何增「子」字。

　　胡氏《考異》曰：注「詔賜中山靖王噲」。何校「王」下添「子」字。陳同。袁本亦脫，此所引《藝文志》文也，茶陵本併入五臣，更非。又注「及孺子妾並」。陳云：「並，冰誤。」是也，各本皆誤。

　　梁氏《旁證》曰：胡公《考異》曰云云。謹按：師古注云：「孺子，王妾之有品號者也。妾，王之眾妾。冰，其名。才人，天子內官。」與如淳說異。又《樂府詩集》云：「按：謂以歌詩賜中山王及孺子妾、未央才人等爾。累言之故云『及』也。而陸厥作歌，乃謂之『中山孺子妾』，失之［遠矣］。」

　　許氏《筆記》曰：「陸韓卿」下注，當移于本題之下。注中「靖王」下，脫「子」字、「妾並」，當作「妾冰」。

【疏證】

　　尤本同。奎本「王」下脫「子」字、「並」字同。明州本善注無《漢書》一節二十三字。贛本、建本從之。《集注》本善注「王」下脫「子」字、「冰」字不誤。謹案：「詔賜中山靖王噲子及孺子妾冰未央材人歌詩四篇」及師古注，見《漢書·藝文志》，《玉海》卷二十九、《樂府詩集》卷八十四同。毛本脫、譌蓋從尤本，陳、何校當從《漢書》、總集等補正之。

林光宴秦餘　注：《韓詩外傳》曰：趙簡子與諸大夫飲於洪波之臺。西都賓曰：視往昔之遺館，獲林元於秦餘。然秦餘漢帝所幸，洪波非魏王所遊。疑陸誤也。

【陳校】

　　注「林元」。「元」，「光」誤。

【集說】

　　胡氏《考異》云：注「西都賓曰」云云，此是《西京賦》，必善誤記耳。

【疏證】

　　《集注》本、奎本以下諸六臣合注本、尤本悉作「光」。謹案：語見本書《西京賦》，正作「光」字。《龍筋鳳髓判・苑總監二條》「獲林光於秦餘」注引正作「張衡《西京賦》獲林光於秦餘。」毛本獨因形近而誤，陳校當從本書內證、正文、尤本等正之。祝氏《訂譌》云：按「西都賓」三字，應作「《西京賦》」。「視」應作「覗」。「然秦餘」之「秦餘」二字，應作「林光」。此篇自「如姬寢臥內」至「林光宴秦餘」四句，義本平列，以明古昔宮人近侍之承恩寵者。李善誤以「洪波」句，承「如姬」言，「林光」句，承「班婕」言，故有「洪波非魏王所遊。疑陸誤也」之語。《文選學論集》頁169。祝說甚得其要。

安陵泣前魚　注：《戰國策》：龍陽君曰：四海之人，其美人甚多矣。

【陳校】

　　注「四海之人。」「人」，當作「內」。

【疏證】

　　《集注》本、奎本以下諸六臣合注本（明州本省作「善同上注」，「上注」即向注，亦作「內」）、尤本悉作「內」。謹案：語見《戰國策・魏策四》，正作「內」，《藝文類聚》卷九十六、《太平御覽》卷八百三十四、卷九百三十五引同。本書阮嗣宗《詠懷詩十七首（昔日）》「安陵與龍陽」注引亦作「內」。此毛本涉下文而誤，陳校當從《戰國策》、本書內證、尤本等正之。

文選卷二十九

古詩一十九首

（行行）與君生別離　　注：《楚辭》曰：悲莫悲於生別離。

【陳校】

注「悲於」。「於」，「兮」誤。

【疏證】

奎本以下諸六臣合注本、尤本悉作「兮」。謹案：語見《楚辭章句·九歌·湘夫人》，正作「兮」，《湘夫人》載在本書，同。《藝文類聚》卷二十九、《初學記》卷十八、《太平御覽》卷一百九十二、卷四百八十九引、本書禰正平《鸚鵡賦》「哀伉儷之生離」注引並作「兮」。此毛本獨因形近而譌，陳校當從《楚辭》、本書內證、尤本等正之。

（青青陵）戚戚何所迫　　注：《楚辭》曰：君戚戚而不可解

【陳校】

注「君」，「居」誤。

【疏證】

奎本以下諸六臣合注本、尤本悉作「居」。謹案：語見《楚辭章句·九章·悲回風》，正作「居」。本書謝靈運《遊南亭》「感感感物歎」注、潘安仁《悼

亡詩（曜靈）》「戚戚彌相愍」注、陸士衡《答張士然》「戚戚多遠念」注、謝惠連《西陵遇風獻康樂》「戚戚抱遙悲」注引咸作「居」。毛本偶因形近而誤，陳校當從《楚辭》、本書內證、尤本等正之。

（涉江）憂傷以終老　　注：《毛詩》曰：假寐永歎。

【陳校】

注「永歎」。「歎」，「歎」誤。

【疏證】

奎本以下諸六臣合注本、尤本悉作「歎」。謹案：語見《毛詩注疏·小雅·小弁》篇，正作「歎」字，《漢書·中山靖王傳》引同。《太平御覽》卷四百六十八、卷四百六十九引、本書嵇叔夜《贈秀才入軍五首（閒夜）》「能不永歎」注、陸士衡《赴洛詩二首》「永歎結遺音」注、陸士衡《挽歌詩三首（重阜）》「永歎莫為陳」注、潘元茂《冊魏公九錫文》「朕用夙興假寐，震悼于厥心」注引咸作「歎」。此毛本偶因形近而誤，陳校當從《毛詩》、本書內證、尤本等正之。

（庭中）庭中有奇樹　　注：蔡質《漢官典職》曰：宮中種嘉禾奇樹。

【陳校】

注「嘉禾」。「禾」，「木」誤。

【集說】

余氏《音義》曰：「嘉禾」。「禾」，何改「木」。

【疏證】

明州本、贛本、建本誤同。奎本、尤本作「木」。謹案：明州本首誤作「禾」，六臣本系統踵之，毛本蓋出此。但觀下文以「樹」為偶，亦可知作「木」為是。陳、何校當從上下文、尤本等正之。

（迢迢）迢迢牽女星　　注：牽牛，已見上文。

【陳校】

「女」，「牛」誤。

【集說】

孫氏《考異》曰：「迢迢牽牛星。」「牛」誤「女」。

許氏《筆記》曰：「牽女」。「女」，當作「牛」。嘉德案：注「牽牛，已見上文。」依注「女」，作「牛」。

【疏證】

奎本以下諸六臣合注本、尤本悉作「牛」。謹案：《藝文類聚》卷四、卷六十五、《太平御覽》卷三十一、卷八百二十六引並作「牛」。毛本傳寫偶誤，嘉德以注正之，是。陳校亦無待披閱尤本、類書等，信手可正者。

（東城）蟋蟀傷局促　注：《漢書》景帝曰：局促效轅下駒。

【陳校】

注「景帝」。「景」，「武」誤。

【集說】

胡氏《考異》曰：注「《漢書》景帝曰。」陳曰云云。是也，各本皆誤。

梁氏《旁證》曰：陳校「景」改「武」。

【疏證】

奎本以下諸六臣合注本、尤本誤悉同。謹案：事見《漢書・灌夫傳》，正武帝語爾。《傳》有「武帝即位，以為淮陽天下交勁兵處，故徙夫為淮陽太守，入為太僕」云云，足可為證。《史記・魏其武安侯列傳》作「孝景崩，今上初即位」，餘同《漢書》。黃氏《補注杜詩・幽人》「局促商山芝」注、宋・王十朋《東坡詩集註・次韻孔文仲推官見贈》「諒非伏轅姿」注並作「漢武帝」。毛本蓋誤從尤本等，陳校當據《史》、《漢》等正之。

馳情整中帶　注：中帶，中衣帶。整帶將欲從之。

【陳校】

「馳情整中帶。」「中」，五臣作「巾」。

【集說】

余氏《音義》曰：「中」，六臣作「巾」。

顧按：五臣誤。

梁氏《旁證》曰：五臣「中」作「巾」。翰注可證。紀文達公曰：「《儀禮》

『有中帶』鄭注：『中帶，若今禪襂。』則作巾為誤。」

【疏證】

尤本同。五臣正德本、陳本作「巾」，奎本以下諸六臣合注本同，校云：善本作「中」字。謹案：《玉臺新詠·枚乘雜詩九首》收此詩亦作「中」。紀氏《新詠考異》曰：「中帶，劉履《選詩補註》作『巾帶』。案：《文選》李善本亦作『中帶』。注曰：『中帶，中衣帶。』又鄭玄《儀禮註》曰：『中帶，若（衿）〔今之〕禪襂』，則作『巾』為悞。」鄭注，見《儀禮注疏·既夕》「婦人則設中帶」注。本書嵇叔夜《贈秀才入軍五首（輕車）》「感悟馳情」注引亦作「中」。善作「中」，其注已明。毛本當從尤本。顧批當從紀說。陳校以五臣亂善，非。

（驅車）松柏夾廣路　注：仲長子昌言曰：古之葬者，松柏梧桐以識其墳也。

【陳校】

注「松柏」。「松」上脫「植」字。

【疏證】

奎本以下諸六臣合注本、尤本悉脫「植」字。謹案：本書自潘安仁《懷舊賦》「柏森森以欑植」注以降，引凡六見，中四處「松」上皆有「樹」、「植」類字，有者是。參上陸士衡《樂府詩十七首·門有車馬客行》「松柏鬱芒芒」條。毛本當從尤本等，陳校當從本書內證等正之。

（東城）服食求神仙，多為藥所誤。

【陳校】

唐憲宗元和中，常與宰相李藩燕語，偶及神仙事。藩力斥方士之妄，既歷引秦漢及本朝事為戒，又誦此二句以明證之。時柳泌、大通之徒猶未進也。而藩言深切如此，真能陳善閉邪，以《三百篇》為諫者。然終不能回憲宗之惑，其後卒為藥誤。豈不悲哉！

【疏證】

諸《文選》本並同。此陳氏借校論史。無關校勘。

（凜凜）凜凜歲雲暮　注：《說文》曰：凜，寒也。歲暮也見上注。

【陳校】

　　注「歲暮也」。「也」，「已」誤。

【疏證】

　　奎本、明州本、尤本作「已」。贛本、建本複出。謹案：此獨毛本形近而誤，陳校當從尤本等正之。贛本等複出，亦非。「上注」，謂上《東城》首「歲暮一何速」句注，已引「毛詩」云云。

枉駕思前綏　注：良人念昔之懽愛，故枉駕而迎已。惠以前綏，欲令升車也。

【陳校】

　　「思」，「惠」誤。

【疏證】

　　諸《文選》本並作「惠」。謹案：《玉臺新詠・古詩八首》作「惠」。此毛本獨因形近而誤。觀上句「良人惟古懽」，「惟」字已有思義、注有「惠以前綏」之說，則本句不得作「思」，亦可斷矣。《玉臺新詠・枚乘雜詩九首》亦作「惠」。毛本獨因形近而誤，陳校當從尤本等正之。

引領遙相稀

【陳校】

　　「稀」，「睎」誤。

【集說】

　　胡氏《考異》曰：「眄睞以適意，引領遙相睎。」袁本有校語云：「善無此二句」，茶陵本與袁不合，亦即所見不同也。但依文義恐不當有。

　　梁氏《旁證》曰：胡公《考異》曰：六臣本校云「善無此二句。」此或尤本校添。但依文義，恐不當有。

【疏證】

　　諸《文選》本悉有此二句、作「睎」，《玉臺新詠・枚乘雜詩九首》同。謹案：五臣有此二句、作「睎」，有濟注可證。奎本、明州本有校云「善本無此二句」，自贛本不刪此二句，複脫此校，遂以五臣亂善。尤本、建本宗之，不

悟其非。奎本蓋袁本遠宗，茶陵本出建本。據奎本校，二句誠不當有，前胡「依文義」，謂不當有，其說亦是。陳校未能知其源流，與前胡同；然識不及前胡，故其校亦不能免以五臣亂善之譏。毛本「稀」，獨因形近而誤，陳校當從尤本等正之，然亦得其小而失其大者矣。

（孟冬）**四五詹兔缺** 　注：《春秋元命苞》曰：月之為言闕也。兩說以詹諸與兔，然詹與占同，古字通。

【陳校】

注「詹諸」，當作「蟾蠩」。又「與占同」。「占」，「蟾」誤。

【集說】

顧按：「詹諸」即「蟾蠩」。見《說文》、《淮南・說林》。（又）按：正文作「占」，故云爾，《七命》注所引宋本，尚是「占」字。

胡氏《考異》曰：「四五詹兔缺。」案：「詹」當作「占」。注云「然詹與占同，古字通。」善意謂《元命苞》之「詹」，與此詩之「占」同，而古字通也。其作「占」，明甚。後《七命》注所引正是「占」字。各本所見善作「詹」，皆誤用《元命苞》「詹」改正文「占」，而注語不可通。重刻茶陵又並改注「占」為「蟾」，而善之「占」字幾亡矣。幸袁、尤二本注不誤，得以考正。又「詹諸」字。《說文》及《淮南子・說林訓》皆如此，與《元命苞》正同。五臣乃必改為「蟾」字。甚矣，其不通乎古也！

張氏《膠言》曰：胡中丞云：「詹，當作占。注『然詹與占同』，古字通」云云。

梁氏《旁證》曰：五臣「詹」作「蟾」。銑注可證。胡公《考異》曰：「詹作占。注謂《元命苞》之詹，與此詩之占同也。」

胡氏《箋證》曰：《考異》曰：「詹當作占。謂《元命苞》之詹，與詩之占同也。」紹煐按：《御覽》引《春秋元命苞》曰：「月之謂言闕也，兩設以蟾蜍與兔者，陰陽雙居」，似「一說」二字為「兩設」之誤。《五經通義》曰：「月中有兔與蟾蠩何？月，陰也，蟾蠩，陽也。而與兔並，明陰係於陽也。」

許氏《筆記》曰：《說文》：「鼀𪓤：詹諸也。」……《復古篇》云：「詹，職廉切，諸，章魚切。別作蟾蜍，非。」嘉德案：茶陵本作「詹兔」。六臣本云：「蟾，善作詹。」胡氏《考異》曰：「詹，當作占」云云。嘉德謂：胡說就此注誤「占」言之，未然也。《吳都賦》「籠烏兔於日月」注引《元命苞》曰：

「月，兩設以蟾蠩與兔者，陰陽雙居。」《月賦》「引元兔於帝臺」注引《元命苞》曰：「月之為言闕也。兩設蟾蠩與兔者」云云，其字皆作「蟾蠩」。以同引《元命苞》彼注考之，則此注「詹諸」，亦當是「蟾蠩」。既為「蟾」字，則下注作「詹與蟾同」為合。蓋以「蟾」釋「詹」，非以「詹」證「占」也。注中「占」字乃傳寫譌之，非袁、尤本之是也。又考《七命》注引此詩，各本皆作「四五詹兔缺」，無有作「占」者，豈胡見之本不同與？《說文》正作「詹諸」，他書或為「蟾蜍」，或為「蟾蠩」，皆通用；亦未有作「占諸」者，則正文善作「詹」，未為誤也。

【疏證】

尤本誤「詹」，注作「與占同」。五臣正德本及陳本作「蟾」。奎本以下諸六臣合注本咸作「蟾」，校云：善作「詹」、注並作「與占同」。謹案：自顧按至前胡《考異》說一脈相承，至確甚審。尤本《七命》「悼望舒之夕缺」注引「《古詩》」本句，正作「占」。本條毛本並注「與占同」，蓋從尤本，正文誤「詹」而注作「占」是，有失有得。陳校則兩誤，蓋所從重刻茶陵本耳。詹諸，雙聲聯緜字，故一作「蟾諸」，又作「蟾蠩」等，字固無定形，「占」與「詹」音同，自得借用，況尤、袁二本並作「占」，異源而同流，尤可證前胡並非臆說，故張、梁、後胡先後繼踵，非是盲從。嘉德未免膚淺。謂「《七命》注引此詩，各本皆作『四五詹兔缺』，無有作『占』者」，亦非事實。尤本（包括嘉慶胡刻本）即作「占」。嘉德既未見顧按，亦未檢尤本爾。其說實宗陳校。本條《考異》稱茶陵本為「重刻」，足見當初所用副本即重刻茶陵本，蓋出嘉靖初蘇州刻者，並非原刻也。參余舊作《文選版本論稿·文選版本脞錄》「明翻茶陵本嘉靖三年刻于蘇州」，頁 137～138。江西人民出版社，2003 年版。

（客從）故人心尚爾　注：鄭玄《毛詩序》曰：尚，猶也。

【陳校】

注「詩序」。「序」，「箋」誤。

【集說】

余氏《音義》曰：「詩序」。「序」，何改「箋」。

【疏證】

奎本以下諸六臣合注本、尤本悉作「箋」。謹案：《毛詩·小雅·小弁》

「尚求其雌」箋云：「尚，猶也。」本書謝玄暉《和王主簿怨情》「故人心尚爾」注引作「箋」。此毛本偶誤，陳、何校無待尤本及他本等，信手可正矣。

以膠投漆中　注：《韓詩外傳》：子夏曰：實之與實，如膠如漆。

【陳校】

注「如膠如漆」。下「如」字，「與」誤。

【疏證】

奎本以下諸六臣合注本、尤本悉作「與」。謹案：語見《韓詩外傳》卷九，上下二字並作「如」，則毛本未必非也。李善所見與今本《外傳》容有異同，且既非五臣與善之歧，陳校蓋從尤本可，然不改亦得。

古詩四首　蘇子卿

（黃鵠）絲竹厲清聲　注：請清烈也。

【陳校】

注「請清烈也。」「請」，「謂」誤。

【疏證】

奎本以下諸六臣合注本、尤本悉作「謂」。謹案：毛本獨因形近而誤，陳校當從尤本等正之。

（燭燭）馥馥我蘭芳

【陳校】

「我」，當作「秋」。

【集說】

梁氏《旁證》曰：劉氏履曰：「我，當作秋。」

黃氏《平點》曰：「馥馥我蘭芳」句，據下注「我」改「秋」。

【疏證】

諸《文選》本悉同。謹案：本書《日出東南隅行》「馥馥芳袖揮」注引蘇

詩正作「我」。元・劉履《風雅翼》卷一作「秋」，校云：「舊作（戒）［我］，字畫之誤。」劉校或從下句「芬馨良夜發」注啟發。此當陳校所據。毛本當從尤本等，未必誤也。

芬馨良夜發　注：秋月既明，秋蘭又馥。遊子感時，彌憎戀本也。

【陳校】

注「彌憎」。「憎」，「增」誤。又，此條似非李注。

【疏證】

奎本、尤本作「增」。明州本、贛本、建本誤「憎」。謹案：此毛本誤從建本等六臣本系統。陳校當從尤本、及上下文義等正之。陳疑非善注，亦自有理，蓋李善注不引文據典，似不多見。

相去整且長

【陳校】

「整」，當作「悠」。

【疏證】

諸《文選》本悉作「悠」。謹案：《九家集注杜詩・遣興（我今）》：「何況道路長」注引亦作「悠」。《風雅翼》卷一作「悠」。五臣本亦作「悠」，銑注可證。此毛本偶誤，陳校當從尤本等正之。

嘉會難兩遇

【陳校】

「兩」，當作「再」。

【疏證】

諸《文選》本悉同。謹案：五臣良注曰：「兩遇，再遇也。」可證五臣本亦作「兩」。毛本當從尤本等。《風雅翼》卷一作「再」，校云：「一作兩。」此或陳校所據。本書李少卿《與蘇武詩》已有「嘉會難再遇」句，蘇武不當字字重複。足證陳校從《風雅翼》之不妥。

願君崇令德，隨時愛景光　注：令德，已見文。景光，即光景也。《楚辭》曰：借景光以往來。

【陳校】

注「已見」下，脫「上」字。又「景光」，當作「光景」。

【疏證】

奎本、贛本、明州本、尤本有「上」字、作「光景」。建本複出上文，作「光景」。謹案：語見《楚辭章句・九章・悲回風》篇，正作「光景」。毛本偶脫「上」字；引《楚辭》涉上文而倒。陳校當從《楚辭》、尤本等正之。

四愁詩四首　張平子

又多豪右並兼之家　注：《漢書》曰：魏郡豪（右）李竟。文類曰：有權勢豪右大家也。

【陳校】

注「文類」。「類」，「穎」誤。

【集說】

余氏《音義》曰：「文類」。「類」，何改「穎」。

胡氏《考異》曰：注「文類曰」。袁本「類」作「穎」，是也。茶陵本亦誤「類」。

梁氏《旁證》曰：「類」作「穎」。

【疏證】

奎本作「穎」，明州本、贛本、尤本、建本悉作「類」。謹案：《漢書》見《宣帝紀》「使魏郡豪李竟」下，正係「文穎注」。《漢書・敘例》曰：「諸家注釋，雖見名氏……具列如左：文穎字叔良，南陽人。後漢末，荊州從事，魏建安中為甘陵府丞。」尤本蓋誤從明、贛二本。毛本蓋從尤本等。袁本蓋出裴本、茶陵本出建本耳。陳校當從《漢書》、袁本等正之。據《宣帝紀》「豪」下「右」字不當有。前胡、梁氏皆有校。

側身北望涕沾巾　注：《說文》曰：佩巾也。

【陳校】

注「《說文》曰」下，脫「巾」字。

【集說】

胡氏《考異》曰：注「《說文》曰：佩巾也。」陳曰云云。是也，各本皆脫。

梁氏《旁證》曰：陳校「曰」下，添「巾」字。

【疏證】

奎本以下諸六臣合注本、尤本脫同。謹案：語見《說文·巾部》，正有「巾」字。毛本當誤從尤本等，陳校當從《說文》正之。

雜詩二首　魏文帝

題下注：《集》云：抱中作。

【陳校】

題注「抱中」。「抱」，「枹」誤。

【集說】

何焯《讀書記》曰：魏文帝《雜詩》注：「《集》云：『枹中作。』下篇云：『於黎陽作。』」按：子桓不從西征，《集》云「枹中作」者，亦後人妄加也。

余氏《音義》曰：「枹中作。」何曰：「子桓不從西征，《集》云：『枹中作』者，亦後人妄加。」

朱氏《集釋》曰：案：「枹中」即「枹罕」也。《漢志》：枹罕，屬金城郡。師古曰：「枹，讀曰膚。本『枹鼓』字也。其字從木。」他處或作「抱」，非。

【疏證】

奎本誤同。明州本、贛本、尤本、建本作「枹」。謹案：古人書寫扌、木旁不分，毛本所據當如此，奎本可證。陳校當從尤本等正之。本是「後人妄加」，何義門說是，然李善所見已如此爾。

綿綿思故鄉　注：《古詩》曰：綿綿思還道。

【陳校】

注「還道」。「還」，「遠」誤。

【疏證】

奎本以下諸六臣本、尤本悉作「遠」。謹案：古詩，即《飲馬長城窟行》，載在本書，正作「遠」。《藝文類聚》卷四十一引同。《玉臺新詠》謂蔡邕作，《樂府詩集·相和歌辭》題「古詞·飲馬長城窟行」並作「遠」。此毛本偶誤，陳校當從類書、尤本等正之。

西北有浮雲　注：亭亭，迥遠無依之貌也。

【陳校】

注「迥遠」。「迥」，「迴」誤。

【疏證】

奎本、贛本、建本誤同。明州本、尤本作「迥」。謹案：本書謝惠連《泛湖歸出樓中翫月》「亭亭映江月」注：「亭亭，迥貌。」可為作「迥」之旁證。毛本蓋誤從六臣注本，陳校當從本書內證、尤本等正之。

朔風詩一首　曹子建

朱華朱希

【陳校】

下「朱」，五臣作「未」。

【集說】

孫氏《考異》曰：「朱華未希」，誤作「未華朱希。」

【疏證】

諸《文選》本咸作「未」。謹案：嘉定本《曹子建集》卷五、《海錄碎事》卷一併同。五臣亦作「未」，良注可證。下「朱」，毛本獨因涉上而誤，陳校以五臣為說，亦未安，蓋善固作「未」焉。參下條。

素雪云飛

【陳校】

「云」,「雲」誤。五臣亦作「云」。

【集說】

余氏《音義》曰:「云飛」。何曰:「宋本云作雲。」

孫氏《考異》曰:「素雪云飛。」「云」,善本作「雲」,五臣作「云」。

胡氏《考異》曰:「素雪云飛。」袁本、茶陵本「云」作「雲」,云:善作「雲」。案:各本所見皆傳寫誤。「素雪」與「朱華」偶句,「云飛」與「未希」偶句,假令作「雲」,殊乖文義。非善如此也。附:翁按:作「云」不誤,此與「朱華未希」為偶句。

梁氏《旁證》曰:六臣本「雲」作「云」。是也。胡公《考異》曰:「各本作雲者,皆傳寫誤……假令作雲,殊乖文義。」

【疏證】

五臣正德本及陳本、奎本以下諸六臣合注本作「云」並同。除贛本外,奎本等六臣合注本皆有校云:善本作「雲」。尤本作「雲」。謹案:《海錄碎事》卷一、嘉定本《曹子建集》作「云」。胡氏《考異》說是。尤本乃從明州本誤校。毛本不誤,陳校以作「云」為誤,復連類及五臣,不知五臣本是,陳誤則益甚矣。宋·任廣《書敘指南·天地日月下》:「雪作,曰素雪云飛」注:「選十五」。此條資料可證,北宋五臣本作「云」。據其自注,可斷所見為三十卷五臣本。廣,北宋崇寧中人,則所見五臣本至遲刻在北宋崇寧間。早於今存南宋初刻杭州鍾家本者。四庫館臣《書敘指南·提要》云:「任廣撰。廣字德儉,浚儀人……陳振孫《書錄解題》稱為『崇寧中人』,蓋未入南宋者,故尤袤《遂初堂目》已載有此書之名。相傳書初刊行,靖康時板即被燬。」周鈔《舉正》所存翁同書批,實從前胡出。

誰忘汎舟,愧無榜人　注:言……愧無榜人,所以不解也。

【陳校】

注「所以不解」。「解」,「濟」誤。

【疏證】

奎本以下諸六臣合注本、尤本悉作「濟」。謹案:此毛本偶誤,陳校當從

尤本等正之。

雜詩六首　曹子建

題下注：此六篇並託喻。傷政急，朋友道絕，賢人為人竊勢。別京已後，在郢城思鄉而作。

【陳校】

注「在郢城」。「郢」，當作「鄄」。

【集說】

胡氏《考異》曰：注「此六篇」下至「在郢城思鄉而作」。案：此三十字於善注例不類，必亦並善於五臣而如此。其中兼多譌錯，各本盡同，無可校正。何校「郢」改「鄄」。陳同。

梁氏《旁證》曰：何校「郢」改「鄄」。陳同。

朱氏《集釋》曰：標題下注云「此別京已後，在郢城思鄉而作。」案：何、陳校本「郢」改「鄄」，是也。《魏志·陳思王傳》：黃初三年，立為鄄城王。是年十月孫權復叛，復郢州為荊州。帝自許昌南征諸軍兵並進，權臨江拒守，故此詩第五首云「吳國為我仇」，又云「江介多悲風，淮泗馳急流。願欲一輕濟，惜哉無方舟。」末首云「國讎亮不塞」，又云「思欲赴太山」，注亦謂「太山接吳之境也。」《漢志》：鄄城，屬濟陰郡。鄄讀絹。其廢縣在今濮州東二十里，即陳思所封之地矣。

許氏《筆記》曰：注「此六篇」云云三十五字，五臣注誤入。削。

【疏證】

奎本以下諸六臣合注本、尤本誤悉同。謹案：《文章正宗》卷二十二上引譌同。陳、何校、《考異》是，朱氏《集釋》說最辯。

（轉蓬）天路安可窮　注：仲長子昌言曰：蕩蕩乎，若昇天路而不知其所至。

【陳校】

注「不知其所至」。「至」，「登」誤。

【疏證】

　　奎本以下諸六臣合注本、尤本悉作「登」。謹案：本書謝靈運《入華子崗是麻源第三谷》「天路非術阡」注、曹子建《與吳季重書》「天路高邈」注亦引仲長子昌言，並作「登也」。毛本獨因形近而誤，陳校當從本書內證、尤本等正之。

情詩一首　　曹子建

微陰翳陽景　　注：《春秋說辭題》曰：陽精為日。

【陳校】

　　注「辭題」二字，當乙。

【疏證】

　　奎本以下諸六臣合注本、尤本悉作「題辭」。謹案：《春秋說題辭》一書，屢見善注徵引，即引其「陽精為日」一語，亦見本書謝希逸《月賦》「日以陽德」注，字亦作「題辭」。又見《藝文類聚》卷一、《太平御覽》卷五等引並作「題辭」。毛本偶倒，陳校當從本書內證、類書、尤本等乙正。《古微書》卷十一「春秋說題辭」：「此讚書者，統諸緯之義，而繹其文也。」

雜詩一首　　嵇叔夜

楊鑣踟躕　　注：《舞賦》曰：楊鑣飛沫。

【陳校】

　　「楊鑣」。「楊」，「揚」誤。注同。

【疏證】

　　奎本以下諸六臣合注本、尤本並注作「揚」。謹案：《舞賦》載在本書，正作「揚」，本書張平子《南都賦》「馬鹿超而龍驤」注、曹子建《應詔詩》「揚鑣漂沫」注引並同。五臣從「手」，濟注可證。五臣正德本、陳本並注正作「揚」。然「楊」與「揚」通。段注《說文·木部》：「楊，古假楊為揚，故《詩·楊之水》毛曰：『楊，激揚也。』」漢·劉楨《遂志賦》「楊洪恩於無涯。」皆其證。李善所用《毛詩》固非一本，此用古本《毛詩》，故毛本所用惟古字，

陳校不必改焉。

歎過緜駒　注：《孟子》淳于髡曰：昔緜駒處高唐，而齊右善歌。

【陳校】

　　「歎」，當作「歌」。

【疏證】

　　諸《文選》本悉同。謹案：陳校蓋出翰注「歎，歌也」。五臣其實出善注，本書曹子建《與吳季重書》「鳳歎虎視」注云：「歎，猶歌也。」可為善注之證，本條善引《孟子》，蓋釋「緜駒」，故毛本此處從尤本等作「歎」字，不誤，陳校不必據注有「善歌」字改毛本也。

情詩二首　　張茂先

（遊目）蘭蕙緣清渠

【陳校】

　　「綠」，當作「緣」。

【疏證】

　　諸《文選》本悉作「緣」。謹案：《藝文類聚》卷三十二、《玉臺新詠》卷二並作「緣」。作「綠」，亦與下句「繁華蔭綠渚」之「綠」字重。此毛本獨因形近而誤，陳校當從尤本等正之。

穴處識陰雨　注：《韓詩》曰：鸛鳴于垤，婦歎於室。韓詩曰：鸛，水鳥。

【陳校】

　　注［下］「《韓詩》」，當作「薛君」。

【疏證】

　　奎本以下諸六臣合注本、尤本悉作「薛君」。謹案：王氏《詩考·韓詩·東山》「鸛，水鳥」注：「薛君《章句》。《文選》注。」上既引「《韓詩》」，則注文，自當作「薛君（《章句》）」。此毛本傳寫獨涉上而誤，陳校當從尤本等正之。本書《西都賦》「鳥則玄鶴白鷺，黃鵠鴐鵝」注，作「毛萇《詩傳》曰：鸛，水鳥也。」則所引為《毛詩》傳。

思友人詩一首　曹顏遠

曹顏遠　注：臧榮緒《晉書》曰：曹攄，字顏遠……流人王逌等侵掠城邑，遇戰。軍敗。

【陳校】

　　注「遇戰」，當作「攄與戰」。

【集說】

　　梁氏《旁證》曰：注「攄與戰，軍敗。」毛本作「與戰，軍敗。」

【疏證】

　　尤本作「攄與戰，軍敗而死」。奎本五臣良注直接引臧《晉書》作「與戰，軍敗死之」（五臣正德本及陳本同），省作「善注同」。明州本同奎本。贛本、建本以引臧《晉書》歸善注，省五臣作「良同善注。」謹案：毛本當誤從建本等，陳校當據上下文義、尤本等正之。此或是奎本首開以五臣攘善注，逕省善注例，其因或是合併者見五臣係直接引臧《書》而非五臣轉述語爾。後來明州本多見據五臣本而逕省善注，造釁開端皆繇此也。此是《文選》版刻史上，可堪注意之事。

凜凜天氣清　注：《古詩》曰：凜凜歲云暮。

【陳校】

　　注「云暮」。「暮」，「暮」誤。

【疏證】

　　奎本以下諸六臣合注本、尤本悉作「暮」謹案：語見本書《古詩十九首·（凜凜）》篇，字正作「暮」，《玉臺新詠·古詩八首》引、本書潘安仁《寡婦賦》「歲云暮兮日西頹」注引並同。此毛本獨因音近而誤，陳校當從本書內證、尤本等正之。

清揚永可俟

【陳校】

　　「永」，「未」誤。

【集說】

孫氏《考異》曰:「清揚未可俟。」「未」,誤「永」。

許氏《筆記》曰:「永可」。何改「未可」。

【疏證】

諸《文選》本悉作「未可」。謹案:《海錄碎事》卷九上作「未可候」。毛本蓋獨因形近而誤,陳校當從尤本等正之。何校、孫說,是。

感舊詩一首　曹顏遠

郡士所背馳

【陳校】

「郡」。五臣作「群」,為長。

【集說】

余氏《音義》曰:「郡」,五臣作「羣」。

孫氏《考異》曰:「郡」,當從五臣作「羣」。

胡氏《考異》曰:「郡士所背馳。」「郡」,當作「群」。茶陵本云:五臣作「群」。袁本云:善作「郡」。各本所見皆傳寫誤。何云:「當從五臣作群。」陳同。皆就校語而云然,其實善亦作「群」。

梁氏《旁證》曰:六臣本作「羣士皆背馳」。是也。「郡」字蓋傳寫誤。

胡氏《箋證》曰:《旁證》曰「六臣本作羣士皆背馳」云云。

許氏《筆記》曰:「郡士」。何改「群士」。嘉德案:茶陵本云五臣作「群」。袁本云善作「郡」。胡曰云云。

【疏證】

贛本、建本同,校云:五臣作「群」。五臣正德本、陳本作「群」,奎本、明州本同,有校云:善本作「郡」。謹案:尤氏《考異》曰:「五臣作羣士皆背馳。」《古今事文類聚》前集卷二十四引、《古今合璧事類備要》前集卷三十五「富貴易合」注引並作「群」。「群」與上文「我」字偶,作「群」是。善亦作「群」,陳、何皆誤以善作「郡」,當誤從袁本校。胡氏《考異》謂「各本所見皆傳寫誤」的是。或奎本所據監本已譌作「郡」,諸本皆從奎本校語出爾。胡

氏《考異》錄作「當從五臣作群。」是承上何校連類而下，謂陳校本質與何同，非所見有異文。

素絲與路岐　注：《淮南子》曰：黑子見練絲而泣之。高誘曰：閔其則與化也。

【陳校】

注「黑子」。「黑」，「墨」誤。又「閔其則」。「則」，「別」誤。

【疏證】

奎本以下諸六臣合注本、尤本悉作「墨」、「別」。謹案：《淮南子》見《說林》篇，正作「墨」。今本《淮南子》脫高誘注。《蒙求集註》卷上引作「墨」，高誘注作「憫其本同而末異。」本書盧子諒《贈劉琨》「始素終玄，墨翟垂涕」注、謝玄暉《始出尚書省一首》「寧流素絲涕」注、孔德璋《北山移文》「淚翟子之悲」注引並作「墨」、「別」。而江文通《雜體詩・盧中郎諶》「徒懃素絲質」注、劉孝標《辯命論》「是以素絲無恒，玄黃代起」注引並誤「黑」、高注「化」上並脫「別與」二字。毛本二字皆因形近而誤，陳校當從《淮南子》、本書內證、尤本等正之。

雜詩一首　何敬祖

瞻彼陵上陌　注：《古詩》曰：青青陵上陌。

【陳校】

「陌」，「柏」誤。注同。

【疏證】

奎本以下諸六臣合注本、尤本並注悉作「柏」。注同。謹案：本書《古詩十九首》亦載是詩，正作「柏」字。《藝文類聚》卷二十八、卷八十八引、《白孔六帖》卷一百「松栢」引、《北堂書鈔》卷一百四十八「相娛樂」注引並同。本書何氏《遊仙詩》「青青陵上松」注引亦作「柏」不誤。毛本偶因形近而誤，陳校當從本書內證、尤本等正之。

雜詩一首　　王正長

昔往鶬鶊鳴，今來蟋蟀吟　注：《毛詩》曰：蒼庚喈喈。《聖主得賢臣頌》曰：蟋蟀俟秋吟

【陳校】

　　注「蒼」，「倉」誤。又「秋吟」。「吟」，「吟」誤。

【集說】

　　胡氏《箋證》曰：注善曰：「《毛詩》曰：『倉庚喈喈。』」按：依注則正文作「倉庚」。俗從「鳥」旁，非。

【疏證】

　　奎本作「鶬」、「吟」。明州本、建本作「蒼」、「吟」。贛本、尤本作「倉」、「吟」。謹案：《毛詩》，見《小雅·出車》篇，字作「倉」。本書《悲哉行》「喈喈倉庚吟」注引亦作「倉」，宋玉《登徒子好色賦》「鶬鶊喈喈」注引作「鶬」。「鶬鶊」，與「倉庚」同。「蒼」與「倉」通，《呂氏春秋·仲春紀》「蒼庚鳴鷹化為鳩」，《淮南子·時則訓》並注同。參上《子虛賦》「箴疵鵁盧」條等。五臣翰注作「鶬鶊」，故「蒼」、「倉」，非五臣與善之異，然則，毛本非誤。《聖主得賢臣頌》見本書，正作「吟」。《太平御覽》卷九百四十九引《頌》同。此毛本因形近而誤，陳校當從本書內證、尤本等正之。

雜詩一首　　棗道彥

亂象侵邊疆　注：《左氏傳》：吾聞之：宋災，於是乎知有天道。可必乎？對曰：國亂無象，不可知也。

【陳校】

　　注「知有天道」下，脫「天道」二字。

【集說】

　　胡氏《考異》曰：「於是乎知有天道。可必乎？」陳云：「當重『天道』二字。」是也，各本皆脫。

　　梁氏《旁證》曰：陳校重「天道」二字。

【疏證】

　　奎本以下諸六臣合注本、尤本悉脱。謹案：本書王仲宣《七哀詩》「西京亂無象」注亦脱「天道」二字。語見《春秋左傳注疏・襄公九年》，原文誠不重「天道」字，然循理當有。原作：「吾聞之：『宋災，於是乎知有天道。何故？』……對曰：『商人閲其禍敗之釁，必始於火，是以日知其有天道也。』公曰：『可必乎？』對曰：『在道。國亂無象，不可知也。』」杜注：「言國無道，則變亂亦殊，故不可必知。」善注本節撮為文，「可必乎」上，刪節過多，讀者難解。玩上下文義，公復問「可必乎」者，乃謂「天道可必知乎？」「可必（知）」與「不可知」之對象，皆是天道，故「可必」上必如陳校重「天道」二字，善注文義，方得貫通無礙。毛本蓋誤從尤本等耳。本條足見陳氏熟諳史書，善解文義，故能補善注節取之所不及也。

雜詩一首　　張季鷹

題下注：《今書七志》曰：齊王問辟為東曹掾。

【陳校】

　　題注「齊王問」。「問」，「冏」誤。

【疏證】

　　奎本以下諸六臣本、尤本悉作「冏」。謹案：《晉書・張翰傳》正有「齊王冏辟為大司馬東曹掾」云云，與《今書七志》合。本書陸士龍《大將軍讌會被命作》題下注引臧榮緒《晉書》曰：「成都王穎字章度。趙王倫篡位，穎與齊王冏誅之」云云，亦可為作「冏」之旁證。毛本獨因形近而誤，陳校當從《晉書》、本書內證、尤本等正之。

雜詩十首　　張景陽

（大火）太火流坤維　　注：《毛詩》曰：七月流火。毛萇曰：火，大火也。

【陳校】

　　「太」，「大」誤。

【疏證】

諸《文選》本咸作「大」。謹案：毛《傳》，見《毛詩·豳風·七月》，正作「大」。五臣作「大」，翰注可證。善本亦作「大」。據注引毛《傳》可明。檢《廣雅·釋詁一》「太，大也。」王念孫《疏證》：「太者，《白虎通義》云：『十二月律謂之大呂何？大，大也。正月律謂之大蔟何？太亦大也。』」段注《說文·水部》：「上大下二，後世凡言大而以為形容未盡則作太。」是「太」雖同「大」，然用有微別。此毛本傳寫獨譌「太」，陳校據尤本等正之，合是。

人生瀛海內　注：《史記》：鄒衍曰：中國名赤縣中州也。

【陳校】

注「中州」。「中」，「神」誤。

【集說】

胡氏《考異》曰：注「名赤縣中州也」。陳曰云云。是也，各本皆誤。

梁氏《旁證》曰：陳校「中」改「神」。

【疏證】

奎本作「神」，明州本、贛本、尤本、建本誤作「中」。謹案：語見《史記·孟子傳》，字正作「神」，本書左太沖《魏都賦》「故將語子以神州之略，赤縣之畿」注引同。明州本等涉上而譌，毛本誤從尤本等，陳校當從《史記》、本書內證等正之。

（金風）金風扇素節　注：西方為秋而主金，故秋曰金風也。

【陳校】

注「故秋曰」。「秋」下，脫「風」字。

【疏證】

奎本以下諸六臣合注本、尤本悉作「秋風」字。謹案：毛本獨涉上「秋」字而脫「風」，陳校當據上下文義、尤本等補之。

（朝霞）丹氣臨湯谷　注：《淮南子》曰：日出湯谷。

【陳校】

「丹氣臨湯谷」。「湯」，五臣作「暘」為長。

【集說】

顧按：此據東晉古文《堯典》耳。

梁氏《旁證》曰：五臣「湯」作「暘」，濟注可證。

【疏證】

尤本作「湯」，注同。五臣正德本作「暘」，奎本以下諸六臣合注本同，校云：善本作「湯」。五臣作「暘」，濟注可證。五臣與善既有別，不可以五臣亂善。況作「暘」者，誠如顧按，乃出梅頤偽「古文《堯典》」，亦即今《尚書注疏·堯典》：「分命羲仲宅嵎夷，曰暘谷。」孔傳：「日出於谷而天下明，故稱暘谷。暘谷，嵎夷，一也」所載耳。四庫館臣論曰：「永嘉之亂，古文中絕。晉·梅頤乃上《古文尚書》四十五篇並安國所作傳。識者疑之。穎達作《正義》專主安國，翻疑康成等所見古文為偽書，何也？」此又當顧校所從出。毛本從尤本是，陳校非。五臣陳本並濟注作「湯」，蓋已改從尤本耳。參上《西征賦》「旦似湯谷」、《嘆逝賦》「望湯谷以企予」二條。

（昔我）歐駱從祝髮　注：《史記》曰：車海王搖者。……鄭玄《毛詩》曰：從，隨也。

【陳校】

注「車海王」。「車」，「東」誤。又「《毛詩》」下，脫「箋」字。

【集說】

余氏《音義》曰：「車海」。「車」，何改「東」。

胡氏《考異》曰：注「鄭玄《毛詩》曰。」茶陵本「詩」下有「箋」字，是也。何校添，陳同。袁本亦脫。

梁氏《旁證》曰：六臣本「詩」下有「箋」字，是也。何、陳據添。

【疏證】

奎本以下諸六臣合注本、尤本悉作「東」。贛本、建本有「箋」字。奎本、明州本、尤本悉脫。謹案：語見《史記·東越列傳》，字正作「東」。《漢書·兩粵傳》同。此毛本獨因形近而誤，陳、何校蓋據《史記》、尤本等正之。「從，隨也」語出《毛詩注疏·大雅·既醉》「釐爾女士，從以孫子」鄭《箋》。然則，陳、何校亦無待披尤本、《毛詩》等信手可正者也。尤本蓋誤從明州本，袁本蓋誤從裴本耳。

（朝登）鳴鶴聒空林　注：杜預《左氏傳注》曰：聒，讙也。

【陳校】

　　注「讙也」。「讙」，「讙」誤。

【疏證】

　　奎本脫一版，此句正在其中。明州本、贛本、尤本、建本作「讙」。謹案：語見《春秋左傳注疏・襄公二十六年》，字正作「讙」，《太平御覽》卷一百四十七、《冊府元龜》卷六百七十注引同。《說文・耳部》：「聒，讙語也。」此毛本獨因形近而誤，陳校當從《左傳》、尤本等正之。

王陽驅九折　注：《漢書》曰：及王遵為刺史……遵叱其馭曰驅之。

【陳校】

　　注中「王遵」。並當作「尊」。

【集說】

　　胡氏《考異》曰：注「及王遵為刺史。」陳曰云云。案：此依《漢書》校。各本皆作「遵」。《漢高祖功臣頌》注引「王遵贊」，似善不與顏同也。

　　梁氏《旁證》曰：陳校「遵」改「尊」，下同。

【疏證】

　　奎本以下諸六臣合注本、尤本悉同。謹案：《藝文類聚》卷五十作「尊」。《太平御覽》卷二百五十四、卷五百一十八兩引《漢書》並作「遵」。檢今本《漢書・王尊傳》，字確作「尊」。本書《漢高祖功臣頌》「邦家之彥」注引《漢書贊》，亦作「尊」，奎本以下諸六臣合注本同，惟尤本作「遵」耳。綜合考慮，還以前胡「似善不與顏同也」說為穩當，陳校亦不必改焉。

（此鄉）何必操干戈，堂上有奇兵　注：《呂氏春秋》曰：西家高，吾宮卑，潦注吾宮也。食故不禁也。

【陳校】

　　注「食故不禁」。「食」，「今」誤。一作「下」。

【集說】

　　胡氏《考異》曰：注「潦注吾宮也今」。案：「今」，當作「利」。各本皆

譌。此所引在《呂氏春秋・召類》篇。

梁氏《旁證》同胡氏《考異》。

【疏證】

奎本以下諸六臣合注本、尤本悉誤「今」。謹案：《文章正宗》卷二十二上作「下」。核《呂氏春秋・召類》篇，字正作「利」，《太平御覽》卷四百一十九引《呂氏春秋》同，而卷三百五引《呂氏春秋》則作「不經吾庭不得瀉焉，是吾不禁也。」頗疑《呂氏春秋》字本作「泄」，作「瀉」、作「利」者，皆因諱唐改耳。事亦見《新序・刺奢》亦作「利」。尤本等誤在先，毛本複因「食」形近「今」而誤中誤。陳校誤從贛、尤二本。

折衝樽俎間　注：《晏乎春秋》曰：……范昭……顧太師曰：我為奏成周之樂。……范昭歸，謂平公曰：齊未可並。吾欲弒其君，晏子知之。吾欲犯其樂，太師知之。於是輟伐齊謀。孔子聞之，曰：善，不出樽俎之間而折衝千里之外，晏子之謂也。

【陳校】

注「晏乎」。「乎」，「子」誤。又「我為奏」。「我為」當乙。又「吾欲弒其君。」「弒」，「試」誤；自注：「弒其君」。東坡《劄子》作「亂其禮」。又「善不出」。「善」下脫「哉」字。

【疏證】

尤本作「子」、「為我」、「試」、「犯其樂」、「善」下有「哉」字。奎本、贛本惟「善」下脫「哉」字外，餘同尤本。明州本誤作「我為」、「善不出」外，餘同尤本。建本作「我為」、「弒」、「善不出」外，餘同尤本。謹案：本書陸士衡《演連珠（臣聞良宰）》「屈於齊堂之俎」注作「善」，而潘元茂《冊魏公九錫文》「折衝四海」注、孫子荊《為石仲容與孫皓書》「折衝萬里」注、陳孔璋《為袁紹檄豫州》「折衝宇宙」注、潘安仁《楊荊州誄》「折衝萬里」注引並無「善」字。事見《晏子春秋・內篇》，惟無「善（哉）」字，餘同尤本，《新序・雜事》同《晏子春秋》。事亦見《韓詩外傳》卷八，正作：「為我」、「試」、「善乎！（晏子）不出」《太平御覽》卷三百二十二引《外傳》作「身」，餘悉同尤本。「東坡《劄子》」，見《東坡全集》卷六十三。尤本當出《晏子春秋》，「哉」字，則尤擅添耳。陳校概從尤本正毛本，然余於毛本「弒」字，

竊持有異焉。檢《說文・言部》:「試,用也。从言,式聲。」又《殺部》:
「弒,臣殺君也。从殺省,式聲。式吏切。」試與弒,皆從「式」得聲,二
字當得通。《說文通訓定聲・頤部》:「試,叚借為弒。」《公羊傳・隱公十一
年》「何隱爾?弒也。」阮元校勘記曰:「《漢石經》弒,皆作試。」《漢書・
五行志》「受命之臣專征云試」顏注:「一說試與弒同。」並是其驗。《說文》
「試」有「用」、「弒」二義。弒,除專用為「臣殺君、子殺父」外,其所有
寬泛之義,則當如《廣韻・志韻》所云:「弒,大逆。亦作殺」。《五音集韻・
五至》亦曰:「弒、殺、煞、□:大逆。亦作殺。」審此處,所用即其泛義。
但玩其下句「吾欲犯其樂」之「犯」,又陳校謂「弒其君,東坡《劄子》作
亂其禮」之「亂」字,犯也、亂也,無非「逆」義;犯君樂,與「弒(試)
其君」,並為以下犯上,不道之行為。並可為見證。然則,諸本用「試」,是
為假字,毛本取「弒」,實用本字、被假字爾。固不得當誤字矣。毛本亦非
自創,當宗建本,蓋此與毛本好用古字之校刻風格,自然湊拍。本條再證,
今日若事《文選》校勘,毛本不可輕棄也。

(結宇)有淁興南岑　注:《毛詩》曰:有淁萋萋,興雨祈祈。毛萇曰:
淁,雲興貌。淁與弇同。

【陳校】

　　注「淁,與弇同」。按:據注,則詩中「淁」字當作「弇」,兼有三十一卷
江文通《儗張黃門》詩並注參證。

【集說】

　　孫氏《考異》曰:案:據注,則本文「淁」字當作「弇」。兼有江文通《儗
張黃門詩》詩及注可證。自注:《詩》釋文:「淁,本又作弇」。

　　顧氏評校孫氏《文選考異》曰:(孫)全勦襲陳少章。欺世無知者耳。王
氏《蛾術軒篋存善本書錄・甲辰稿》,卷四,1410頁。

　　胡氏《考異》曰:「有淁興南岑」。陳曰云云。案:所校是也。「弇」字
見《釋文》,又《韓詩》作「弇」,見《外傳》。王伯厚《詩考》中采之《雜體
詩》。袁、茶陵二本校語云:五臣作「淁」。彼良注及此向注皆是「淁」字,
必五臣因「淁,與弇同」之語,改此為「淁」,後來以之亂善,遂失著校語
也。

　　梁氏《旁證》曰:陳曰云云。胡公《考異》曰:「弇字見《釋文》。又《韓

詩》作弇，見《外傳》。此因五臣作渰，以之亂善耳。」

姚氏《筆記》曰：注「渰與弇同」音奄。按：江淹擬詩及注，此本作「弇」。

胡氏《箋證》曰：陳氏景雲曰云云。紹煐按：《小雅·大田》釋文：「渰，本作弇。」善所據《毛詩》作「弇」，故云「渰，與弇同。」本書陸士龍詩「有弇萋萋」，「弇」即「弇」。《說文》作「黤」，當本《齊》、《魯詩》，《漢書》同自注：見《食貨志》。《韓詩》亦作「弇」，《呂覽》作「晻」。

【疏證】

諸《文選》本咸同。謹案：隋·顏之推《顏氏家訓·書證篇》、《藝文類聚》卷二引並作「渰」。五臣作「渰」，本詩向注及江氏《雜體詩》「有弇興春節」良注可證。本詩引《毛詩》，《毛詩》作「渰」，又有善注「渰與弇同」，則善本作「弇」，可必。奎本失著校語，明州以下諸六臣合注本因之，不能察五臣與善之歧爾。尤本則宗明、贛二本，亦為所誤。五臣作「渰」，非惟有二字相通之啟發，大抵蓋因求異善注而起，《藝文類聚》卷三十六引本詩作「渰」，是五臣所取資者。毛本誤從尤本等，陳校當從善注及本書內證正之。孫氏《考異》蓋出陳校。

時聞樵采音　注：《左氏傳》曰：楚公子棄疾過鄭，楚芻牧。

【陳校】

注「楚芻牧」。「楚」，「禁」誤。

【集說】

胡氏《考異》曰：注「楚芻牧」。茶陵本「楚」作「禁」，是也。袁本亦誤「楚」。

梁氏《旁證》曰：六臣本「楚」作「禁」。是也，此傳寫誤。

【疏證】

奎本、明州本、尤本誤同。贛本、建本作「禁」。謹案：語見《春秋左傳注疏·昭公六年》，正作「禁」，《冊府元龜》卷六百五十四引、《北堂書鈔》卷四十「棄疾如晉禁芻牧」注引並同。此奎本等涉上文而誤，毛本誤從尤本等，陳校當從贛本、《左傳》等正之。

（黑蜧）商羊舞野庭　注：《家語》曰：孔子曰：此名曰商羊，水祥也。……今齊有之，其應至矣。

【陳校】

　　注「令齊」。「令」，「今」誤。

【疏證】

　　奎本、明州本作「大」。贛本、尤本、建本作「今」。謹案：語見《家語‧辨政》，正作「今」，《藝文類聚》卷二、《太平御覽》卷十、《樂府詩集‧雜歌謠辭》卷八十八引、《初學記》「商羊儛」注引《家語》同。奎本等以形近而誤，毛本亦然，陳校當從《家語》、尤本等正之。

豐隆迎號屏　注：《楚辭》曰：吾令豐隆乘雲兮，王逸曰：屏號起雨，何以興之？王逸曰：屏，屏翳，雨師名也。

【陳校】

　　注上「王逸曰」。當作「又曰」。

【集說】

　　余氏《音義》曰：「王逸曰：屏號」。「王逸」，何改「《楚辭》」。

　　梁氏《旁證》曰：尤本「曰」下有「豐隆，雲師也。《楚辭》曰」八字，是也。各本皆脫。

　　姚氏《筆記》曰：注「王逸曰：屏號起雨」。滅「王逸」二字，改「又曰」。下「王逸曰：屏，屏翳」。「曰」下失「豐隆雲師也」五字。

　　許氏《筆記》曰：「王逸曰屏號」云云，缺誤。今考正：「王逸曰：豐隆，雲師也。《楚辭》曰：濘號起雨，何以興之？王逸曰：濘，屏翳」，下接「雲師名也」云云。

【疏證】

　　奎本以下諸六臣合注本、尤本「兮」下，悉作「王逸曰：豐隆，雲師也。《楚辭》曰」。謹案：上「王逸曰」下，毛本實脫「豐隆，雲師也。《楚辭》曰」八字。陳校偶疏此一層，何校即便改成「《楚辭》」，亦仍闕脫。許氏《筆記》說，方是。陳、何之失，在偶未檢贛、尤二本。

雲根臨八極，雨足灑四溟　注：《淮南子》曰：八極之雲是雨天下。

【陳校】

　　注「是雨天下」。「是」，疑「足」。

【集說】

　　顧按：「是」字不誤。此《地形訓》文也。

【疏證】

　　奎本以下諸六臣合注本、尤本悉作「是」。謹案：《淮南子‧墜形訓》正作「是」，其下文為「八門之風是節寒暑」，亦用「是」字，足可佐證。《後漢書‧張衡傳》「蹶白門而東馳兮」引《淮南子》亦同。毛本不誤，陳校蓋因涉正文而生疑，非也。

人懷昏墊情　注：《尚書》：禹曰：下民昏墊。孔安國曰：昏昔墊溺，皆病水災。

【陳校】

　　注「昏昔、墊溺」。「昔」，「瞀」誤。

【疏證】

　　奎本以下諸六臣合注本、尤本悉作「瞀」。謹案：語見《尚書注疏‧益稷》，字正作「瞀」。昏瞀，昏惑也。本書謝靈運《遊南亭》「久痗昏墊苦」注引亦作「瞀」。《後漢書‧崔駰傳》「人有昏墊之戹」注引同。毛本因形近而誤，陳校當從《尚書》、本書內證、尤本等正之。

雖榮田方贈　注：《說苑》曰：子思居衛，縕袍無裏，二旬九食。

【陳校】

　　注「二旬九食」。「二」，「三」誤。

【疏證】

　　奎本以下諸六臣合注本、尤本悉同。謹案：今本《說苑‧立節》作「二旬而九食」，《太平御覽》卷四百二十六、卷四百八十五引、《北堂書鈔》卷一百四十三「子思二旬九食」注、《九家集汪杜詩‧投簡成華兩縣諸子》「飢臥動即向一旬」注引並同。然《藝文類聚》卷七十二、《蒙求集註》卷下、《太平御

覽》卷八百四十九等引《說苑》則作「三」，是傳寫久混。然諸《文選》本與今本《說苑》同，又「二旬而九食」，似較「三旬」為合情理，毛本蓋從尤本等，故陳校不必改焉。

比足黔婁生　注：《列女傳》曰：黔婁先生死，仲子弔之。……君嘗賜之粟三十鍾。

【陳校】

　　注「仲子弔之。」「仲」，「曾」誤。又「三十鍾」。「十」，「千」誤。

【集說】

　　余氏《音義》曰：「仲子弔」。「仲」，何改「曾」。

【疏證】

　　明州本、贛本、建本誤「仲」，奎本、尤本作「曾」；上諸本悉誤「十」。謹案：事見《古列女傳·魯黔婁妻》，作「曾」、作「十」。本書顏延年《陶徵士誄》：「黔婁既沒」注引皇甫謐《高士傳》作「曾」、「十」。《藝文類聚》卷四十、《太平御覽》卷五百六十二引《列女傳》，作「曾」、「十」；而《御覽》卷五百七引皇甫《高士傳》則作「千」，明·彭大翼《山堂肆考》卷一百五十四引、清·浦起龍《史通通釋》卷二十「介若黔敖」注引並同。據《列女傳》、《高士傳》皆有「以為國相」云云，則作「千」為合理。明州本等蓋涉上文《孟子》「陳仲子」而譌。陳、何當從尤本、《列女傳》、類書、本書內證等校之。

文選卷三十

時興一首　盧子諒

澹乎至人心　注：《莊子》曰：澹而靜乎，莫而清乎。

【陳校】

　　注「莫而清」。「莫」，「漠」誤。

【集說】

　　胡氏《考異》曰：注「莫而清乎。」茶陵本「莫」作「漠」，是也。袁本亦誤「莫」。《知北遊》文。

　　梁氏《旁證》曰：六臣本「莫」作「漠」，是也。此所引《知北遊》文。

【疏證】

　　明州本、贛本、尤本同。《集注》本、奎本、建本作「漠」。謹案：語見《莊子·知北遊》，正作「漠」。毛本當從尤本等，陳校當從《莊子》、建本等正之耳。

田南樹園激流植援一首　謝靈運

樵隱俱在山　注：臧榮緒《晉書》曰：在山則同，所以在山則異。豈不信之乎？

【陳校】

　　注「豈不信之乎？」「之」字，衍。

【疏證】

《集注》本、奎本以下諸六臣合注本同。尤本無「之」字。謹案：古文獻多見「豈不信乎？」毛本誤從六臣合注本，陳校當從尤本正之。

齋中讀書一首　謝靈運

執戟亦以疲　注：潘安仁《夏侯湛誄》曰：執戟疲揚。

【陳校】

注「夏侯湛諫」。「諫」，「諫」誤。

【疏證】

《集注》本、奎本以下諸六臣合注本、尤本悉作「誄」。謹案：《藝文類聚》卷四十八作「誄」。潘《誄》，正載本書。本書王元長《永明十一年策秀才文（又問昔者）》「妙簡銅墨」注、任彥昇《劉先生夫人墓誌》「匪爵而重」注引並作「誄」，而顏延年《赭白馬賦》「妙簡帝心」注引則誤作「詩」。本條毛本獨因形近致誤，陳校當從本書內證、尤本等正之。

石門新營所住四面高山迴溪石瀨修竹茂林詩一首
謝靈運

清醑滿金樽　注：《毛詩》曰：飲此醑矣。《埤蒼》曰：滑，美貌也。

【陳校】

注「滑，美貌」。「滑」，「醑」誤。

【集說】

余氏《音義》曰：「滑美」。「滑」，何改「醑」。

胡氏《考異》曰：注「滑，美貌也」。何校「滑」改「醑」。陳同。各本皆譌。案：此疑作「滑」，善仍有「滑」、「醑」異同之注，而未全也。「𩪵」，「胥」之別體字。附：翁按：「滑」，疑作「滑」。「𩪵」，「胥」之別體字。

梁氏《旁證》曰：何校「滑」改「醑」。各本皆誤。胡公《考異》曰云云。謹案：注引《詩》「飲此醑兮。」《詩・伐木》「醑」作「湑」。《釋文》於「有

酒湑我」句，云：「湑，本又作醑也。」是湑、醑本通。

胡氏《箋證》按：今《伐木》作「湑」。正文及注引《詩》「醑」，並當作「湑」，注又引《埤蒼》作「湑」，可證。五臣作「醑」。

【疏證】

奎本以下諸六臣合注本、尤本誤同。《集注》本作「滑」，無「《埤蒼》」以下七字。謹案：「滑」即「湑」字。本條與《七發》「胥母」、「骨母」例同。前胡說是。上文引《毛詩》作「醑」，是陳、何校所依。後胡則以善本作「湑」。五臣作「醑」，則有向注「醑，酒也」為證。醑、湑雖通，然五臣與善用各有別，不容混淆。若此，則陳、何校尚一間未達矣。翁同書說實襲前胡，「別體」之說，倒有《龍龕手鑑·手部》：「滑、湑：相居反。落也。又露貌也」可證。《手鑑》「滑」下當脫「俗」字之注。

又注：曹子建《樂府詩》曰：金樽玉杯，不能使薄酒更厚。

【陳校】

「金尊玉杯」二句，非詩。疑上句有脫誤。

【疏證】

《集注》本、奎本以下諸六臣合注本、尤本悉同。謹案：陳疑有理。「金樽」二句，李善之前，今見於梁·蕭繹《金樓子·立言下》云：「金鑪王盃，不能使薄酒更厚；鸞輿鳳駕，不能使駑馬健捷。」蓋並非曹植語。《金樓子》下條有「陳思王云：『投虎千金，不如一豚肩』」云云，或李善錯行誤繫曹植之緣由。本書江文通《望荊山》「金樽坐含霜」注、謝靈運《擬魏太子鄴中集·應瑒》「金樽盈清醑」注引誤並同（謝詩注省作「金樽、清醑竝已見上」，即指本詩）。此亦前胡漏錄、漏校例。

感往慮有復 注：言悲感已往而天壽紛錯。

【陳校】

注「天壽」。「天」，「夭」誤。

【疏證】

奎本以下諸六臣合注本、尤本悉作「夭」。《集注》本作「友」。謹案：「友壽」，不辭。毛本獨形近而譌，陳校當據尤本等正之。

庶特乘日用　注：《莊子》：牧馬童子謂黃帝曰：有長者教子曰：若乘日之車，而遊襄城之野。郭象曰：日出而遊，日入而息也。車或為居。

【陳校】

「庶特乘日用。」「特」，「持」誤。「用」，「車」誤。又注「長者教子」。「子」，「予」誤。

【集說】

何氏《讀書記》曰：「特」當作「持」，「用」當作「車」，以日為車而遊六合之外，則屈子之遠遊也。

余氏《音義》曰：「特」，五臣作「持」。

孫氏《考異》曰：「特」字，當從五臣作「持」。「用」字是「車」字之誤。呂向注：「恬淡無為，不知所用於心，謂之日用。」謬亦甚矣。何云：「以日為車而遊六合之外，則屈子之遠遊也。」

胡氏《考異》曰：「庶持乘日車。」茶陵本「持」作「特」，云：五臣作「持」。袁本云：善作「特」。又袁本、茶陵本「車」作「用」。案：此句當云「庶持乘日用。」袁、茶陵本二本所見「持」，傳寫誤「特」。尤校改是矣。其「用」字不誤，尤改為「車」，則非也。「乘日」二字連文。「乘日用」者，乘日之用。靈運所作《擬王粲詩》云「豈顧乘日養」，句例正同，亦言乘日之養也。善注云「乘日，已見上。」又此注云「車或為居」者，乃說所引之《莊子》，非謝詩有「車」字。《莊子》釋文云「元嘉本作居」，最為明證。尤延之失考，遽改正文，大失謝及善意。又案：五臣向注讀「日用」連文，其義雖繆，而文非譌。二本皆不云與善有異，可知所見未改，亦可借證矣。

梁氏《旁證》曰：「庶持乘日車」注：「若乘日之車。」五臣「持」作「特」，「車」作「用」。向注「[恬]澹無為，不知所用於心，謂之日用。此道可以近持於身。」胡公《考異》曰：「特字誤，用字不誤，尤本遽改為車，則非也。『乘日』二字連文。乘日用者，乘日之用。靈運所作《擬王粲詩》云：『豈顧乘日養』，句例正同。善注云：『乘日，已見上。』又此注云：『車或為居者』，乃說所引之《莊子》，非謝詩有『車』字。《莊子》釋文云『元嘉本作居』，可證。向注讀『日用』連文，解義雖繆，而文轉不譌。」

胡氏《箋證》曰：五臣「持」作「特」。《考異》曰：「特字誤。乘日二字連文……善注云：乘日，已見上文」。

許氏《筆記》曰：「日用」，依注作「日車」。何改「庶持乘日車。」嘉德案：何氏《讀書記》云云。又六臣茶、袁本云「五臣作持，善作特」，此亦據贋本言之。又袁本「車」作「用」。胡曰：「此句當云：『庶持乘日用』，乘日二字連文。乘日用者，乘日之用。靈運所作《擬王粲詩》云『豈顧乘日養』，句例正同，亦言乘日之養也。此注車或為居者，乃說所引《莊子》，非謝詩有車字。《莊子》釋文『元嘉本作居』，可證。尤延之遽改正文，大失謝及善意。」嘉德（又）案：胡謂「車或為居」，指《莊子》而言，善有此例，可也。若正文作「用」，則李引《莊子》「乘日車」云云，豈非贅語乎？其申明《莊子》「車或為居」者，正以正文作「車」，用「車」字為證，故不用「居」，甚明也。又若作「用」與《擬王粲詩》同意，李何以不引而釋之？今「用」字無注而「車」字有注，必牽合彼詩為據而曲為之說，非也。此袁本作「用」之訛耳。五臣向注曰：「恬惰無為，不知所用於心，謂之日用。」然則，五臣乃作「日用」，今本皆因五臣亂之。

黃氏《平點》曰：「庶持乘日車」句，「車」改「用」。注云「車或為居」者，自釋《莊子》耳。

【疏證】

贛本、建本作「特」，校云：五臣作「持」。五臣正德本及陳本、《集注》本作「持」，奎本、明州本同，校云：善本作「特」。《集注》本、五臣正德本及陳本、奎本以下諸六臣合注本作「用」。尤本作「持」、「車」。奎本以下諸六臣合注本、尤本悉作「予」。謹案：「特」當作「持」、「子」為「予」之訛，諸家無異辭。獨於「用」字，胡氏以為不誤，尤本妄改。梁、黃氏並從《考異》，而二許並宗尤本，嘉德並有駁論。竊以為：陳、何校據尤本改「車」，非也。考本書三用「乘日」典：首見於王僧達《答顏延年》「歡此乘日暇，忽忘逝景侵」其注曰：「《莊子》『牧馬童子』云云、『郭象』曰云云。次即靈運本詩。三見於同卷靈運《擬魏太子鄴中集詩·擬王粲詩》「既作長夜飲，豈顧乘日養」注曰：「乘日，已見上。《廣雅》曰：『養，樂也。』」細玩三詩，可悟：「乘日」，當是六朝常用典故。所謂「乘日」即郭注「日出而遊，日入而息」；所謂「乘日養」、「乘日車」、「乘日居」，即「乘日樂」耳。其所謂「樂」，即是一作一息，順應自然。故其用大旨相同，皆側重於「乘日」而已，而非其後綴。若準此以觀本詩，則李引《莊子》，祗證「乘日」二字，而非注「乘日車」矣。其「車或為居」，不見於《集注》本善注等，而宋本

《三謝詩》亦作「日用」。尤本蓋以注引《莊子》別本以改正文，誠謬。當從前胡。嘉德說非是。致於「特」、「子」二字，前者，善作「持」、五臣作「恃」據《集注》本，毛本當誤從建本等，後者，毛本獨誤，陳校並當從尤本等正之。

雜詩一首　　王景玄

良人處雁門　注：劉渠曰：婦人稱夫曰良人。

【陳校】

　　注「劉渠」。「渠」，當作「熙」。

【集說】

　　余氏《音義》曰：「劉渠」。「渠」，何改「熙」。

　　胡氏《考異》曰：注「劉渠曰」。何校「渠」改「熙」。陳同。是也，各本皆訛。餘屢引，可證。

　　梁氏《旁證》曰：何校「渠」改「熙」。各本皆誤。此劉熙《孟子注》也。

【疏證】

　　奎本以下諸六臣合注本、尤本悉誤。《集注》本正作「熙」。謹案：《孟子注疏・離婁下》：「齊人有一妻一妾而處室者，其良人出，必饜酒肉而後反。」趙岐注：「良人，夫也。」《隋書・經籍志三》有「《孟子七卷》，劉熙注」。梁氏說或是。本書潘安仁《寡婦賦》「良人忽以捐背」注、顏延年《秋胡詩》「良人顧有違」注、《古詩十九首（凜凜）》「良人惟昔懽」注屢引並作「熙」。此毛本偶疏，陳校當從本書內證等正之。

數詩一首　　鮑明遠

休沐還舊邦　注：王粲《贈蔡子篤》詩曰：戾舊邦也。

【陳校】

　　注「戾舊邦也」。「也」字衍，「戾」上當有「言」字。

【集說】

　　胡氏《考異》曰：注「戾舊邦也。」陳云「戾上當有言字。」各本皆脫。

　　梁氏《旁證》同胡氏《考異》。

【疏證】

　　奎本、明州本、尤本、建本同。《集注》本、贛本作「言戾舊邦」。謹案：本書王粲《贈蔡子篤》詩正作「言戾舊邦」，諸本中惟贛本獨是。毛本當誤從尤本等。陳校當從贛本、本書內證等正之。

七盤起長袖　注：七盤，已見陸幾《羅敷歌》。

【陳校】

　　注「陸幾」。「幾」，「機」誤。

【疏證】

　　奎本、明州本、尤本作「機」。《集注》本、贛本、建本複出「張衡《舞賦》」云云。謹案：毛本獨因音近而誤，陳校亦不煩尤本等，應手可正也。

始出尚書省一首　　謝玄暉

還覩司隸章，復見東都禮　注：《東觀漢記》曰：三輔宮府吏東迎雒陽。

【陳校】

　　注「三輔宮府」。「宮」，「官」誤。

【集說】

　　余氏《音義》曰：「宮府」。「宮」，何改「官」。

【疏證】

　　《集注》本、奎本以下諸六臣合注本、尤本悉作「官」。謹案：語見《東觀漢記·世祖光武皇帝》，字正作「官」。此毛獨因形近而譌，陳、何校蓋從尤本、《東觀漢記》等正之。

既秉丹石心，寧流素絲涕　注：《韓子》曰：上不相德，守道者，皆懷金石之心。曹顏遠《感時詩》曰：素絲與路岐。

【陳校】

　　注「上不相德」。「不」，「下」誤。又「曹顏遠《感時詩》」。「時」，當作「舊」。

【集說】

　　胡氏《考異》曰：注「曹顏遠《感時詩》曰。」陳云：「時，當作舊。」各本皆誤。

　　梁氏《旁證》曰：陳校「時」改「舊」。各本皆誤。

【疏證】

　　奎本以下諸六臣合注本、尤本悉作「下」、誤「時」。《集注》本無「《韓子》曰」以下十六字、誤「時」。謹案：《韓子》語見《韓非子·守道》，字正作「下」。曹詩，載在本書，正作「舊」字。毛本誤「不」，蓋因形近；誤「時」，則誤從尤本等耳。陳校當從《韓非子》、本書內證等正之。

直中書省一首　謝玄暉

風動萬年枝　注：《晉宮闕名》曰：華林園南萬年樹十四株。

【陳校】

　　注「華林園南」。「南」，「有」誤。

【集說】

　　余氏《音義》曰：「南萬」。「南」，何改「有」。

　　梁氏《旁證》曰：毛本「有」誤作「南」。

【疏證】

　　贛本同。《集注》本、奎本、明州本、尤本作「有」。建本作「中」。謹案：宋·程大昌《雍錄》卷十、《事類賦》卷二十四、《太平御覽》卷九百五十九，《文章正宗》卷二十二下、皆作「有」。《旁證》說是。尤本蓋從明州本。毛本當誤從贛本，陳、何校當從尤本等正之。

觀朝雨一首　謝玄暉

方同戰勝者　注：《韓子》：子夏曰：吾入見先王之義，則榮之；出見富貴，又榮之。二者戰於胸臆，故懼也。今見先王之義戰勝，故肥也。

【陳校】

　　注「故懼也」。「懼」，當作「臞」。

【疏證】

　　《集注》本、尤本作「臞」。奎本誤作「擾」。明州本、贛本、建本善注刪《韓子》一節。謹案：子夏語見《韓非子·喻老》，字正作「臞」，本書謝靈運《初去郡》「戰勝臞者肥」注、《文章正宗》卷二十二下注、任淵《山谷內集詩注·次韻定國聞子由臥病績溪》「寒暑戰胷」注引並同。尤本當出《韓非子》。但觀下文之「肥」字，亦可證此當作「臞」。毛本當涉「戰」字而逞胸臆改，陳校當從《韓非子》、本書內證、上下文義、尤本等正之。

和伏武昌登孫權故城一首　謝玄暉

炎靈遺劍璽　注：《吳書》曰：劫天子出奔，商璽投井中。

【陳校】

　　注「商璽」。「商」，「尚」誤。

【集說】

　　余氏《音義》曰：「奔商」。「商」，何改「尚」。

【疏證】

　　《集注》本、奎本以下諸六臣合注本、尤本悉作「尚」。謹案：此「《吳書》」，蓋謂韋昭著《吳書》。《後漢書·袁術傳》：「又聞孫堅得傳國璽」李賢注：「韋昭《吳書》曰：『漢室大亂，天子北詣河上。六璽不自隨，掌璽者以投井中。』」王氏《學林》卷四：《後漢輿服志》劉昭注引《吳書》同。《太平御覽》卷六百八十二、《古今事文類聚》續集卷二十五、宋·黃朝英《靖康緗素雜記》卷七引《吳書》悉同，字皆作「掌」。然「尚」與「掌」通。《廣雅·釋詁》三：「尚，主也。」王念孫疏證：「尚之言掌也。《淮南子·覽冥訓》：『夫

瞽師庶女，位賤尚菜，權輕飛羽。』高誘注：『尚，主也。』」《說文通訓定聲‧壯部》：「尚，叚借為掌。」是「尚」也可視作「掌」之省文。《韓非子‧內儲說下》：「宰人頓首服死罪曰：『竊欲去尚宰人也。』」陳奇猷《集釋》引焦竑曰：「秦置六尚，又有尚沐、尚席。古字少，故多省文以轉注，合《周禮》之言，則諸尚字，皆古掌字之省文。」然則，李賢與善所見韋昭《吳書》本有不同，陳、何改「尚」，亦自有據。謹又案：《集注》本，「投」字下複出「璽」字，按文意益完整，當最近善注原貌，是陳、何校猶未達一間矣。此條亦可見《集注》本文獻價值之一斑。

西龕收組練　注：《尚書序》曰：西北戡黎。戡，勝也。

【陳校】

注「西北戡黎」。「北」，「伯」誤。

【疏證】

《集注》本、奎本以下諸六臣合注本、尤本悉作「伯」。謹案：語見《尚書注疏‧西伯戡黎序》，正作「伯」。吳語「伯」、「北」音同，此毛本獨誤。陳校當從《尚書》、尤本等正之。

卜揆崇離殿　注：《毛詩》曰：卜云其吉。毛萇曰：凡建國必有卜之。《毛詩》曰：揆之以日。毛萇曰：……度日出日入，以知西東。視定北準極，以正南北。

【陳校】

注「凡建國必有卜之。」「有」字衍。又「視定北準極。」「視」上，脫「南」字。

【集說】

胡氏《考異》曰：注「視定北準極」。陳云：「視上脫南字。」是也，各本皆脫。

梁氏《旁證》曰：陳校「視」上添「南」字。

【疏證】

奎本以下諸六臣合注本、尤本悉無「有」字、脫「南」字。《集注》本無「有」字、有「南」字。謹案：二語皆見《毛詩注疏‧鄘風‧定之方中》毛

《傳》，正無「有」字、有「南」字。《玉海》卷五引亦有「南」字。《集注》本最是。「有」字，毛本獨衍，其脫「南」，則誤從尤本等。陳校當從《毛詩》等補正之。

鄂渚同游衍　注：《毛詩》曰：昊天曰旦，及爾遊衍。鄭玄曰：常與汝入往，游溢相從也。

【陳校】

　　注「常與汝入往。」「汝」下脫「出」字、「往」下脫「來」字。

【集說】

　　胡氏《考異》曰：注「常與汝入往」。陳曰云云。是也，各本皆誤。

　　梁氏《旁證》曰：陳校「入」上增「出」字，「往」下增「來」字。

【疏證】

　　《集注》本、奎本以下諸六臣合注本、尤本悉同。謹案：語見《毛詩注疏・大雅・板》，鄭《箋》正有「出」、「來」字。毛本當誤從尤本等，陳校當從《毛詩》正之。

和王著作八公山詩一首　謝玄暉

雲聚袖如複

【陳校】

　　「袖」，「岫」誤。

【疏證】

　　諸《文選》本悉作「岫」。謹案：《藝文類聚》卷第七、《海錄碎事》卷三上引、《方輿勝覽》卷四十八「八公山」注引，並作「岫」。五臣亦作「岫」，翰注可證。毛本獨因音同而誤，陳校當從尤本等正之。

阽危賴宗袞，微管寄明牧　注：《晉中興書》曰：時盜賊強盛，侵寇無已。

【陳校】

　　注「時盜賊強盛。」「盜」，「氐」誤。

【集說】

胡氏《考異》曰：注「時盜賊強盛。」陳曰云云。案：所校最是。氐，苻秦也。不知者改之，各本皆作「盜」，其誤久矣。

梁氏《旁證》曰：陳校「盜」改「氐」。

【疏證】

《集注》本、奎本以下諸六臣合注本、尤本誤同。謹案：《世說新語‧識鑒》「于時朝議遣玄北討」注引《晉中興書》正作「氐賊彊盛」。毛本當誤從尤本等。前胡說是，《晉書》、《宋書》每以「氐賊」稱苻秦，本書潘安仁《關中詩》「周殉師令，身膏氐斧」注引《周處別傳》亦稱「氐賊」。陳校當從《晉書》、本書內證，或有《世說》注等正之。本條亦見陳氏以史校《選》之功力，前胡「所校最是」之贊嘆，良非虛言。本條可見前胡於陳校闡釋揄揚盛美之功。

長蛇固能翦　注：《羣謝錄》曰：玄領徐州。

【陳校】

注「《羣謝錄》」。「羣」，當作「陳郡」。

【集說】

余氏《音義》曰：「《羣謝錄》」。「羣」，何改「陳郡」二字。

胡氏《考異》曰：注「《羣謝錄》」。何校「群」改「陳郡」二字。陳同。是也，各本皆誤。《述祖德詩》注引可證。

梁氏《旁證》同胡氏《考異》。

許氏《筆記》曰：何改「《陳郡謝錄》」。

【疏證】

奎本以下諸六臣合注本、尤本誤同。《集注》本正作「陳郡」。謹案：本書謝靈運《述祖德詩》題下注誤作「《陳羣謝錄》」尤本則作「郡」不誤，即前胡所據。而本書沈休文《齊故安陸昭王碑文》「謝琰功高而後至」注，作「何法盛《晉中興書》：《陳郡謝錄》曰」云云，不誤。陳、何校當據本書內證及尤本《述祖德詩》題下注等正之。

道峻芳塵流　注：陛機《大暮賦》曰：播芳塵之馥馥。

【陳校】

　　注「陛機」。「陛」，「陸」誤。

【疏證】

　　《集注》本、奎本以下諸六臣合注本、尤本悉作「陸」。謹案：《藝文類聚》卷三十四有「陸機《大暮賦》」逸文。本書沈休文《宋書‧謝靈運傳論》「賈誼相如振芳塵于後」注、元‧郝天挺註《唐詩鼓吹‧羅隱‧牡丹》「何處避芳塵」引並作「陸」。毛本獨因形近而誤，陳校當從本書內證、尤本等正之。

和徐都曹一首　　謝玄暉

風光草際浮　注：《楚辭》曰：光風動蕙汎崇蘭。

【陳校】

　　注「光風動蕙」。「動」，「轉」誤。

【疏證】

　　《集注》本、奎本以下諸六臣合注本、尤本悉作「轉」。謹案：語見《楚辭章句‧招魂》，字正作「轉」，《招魂》篇載在本書，同。《藝文類聚》卷一、《白孔六帖》卷一百、《太平御覽》卷九等引、《北堂書鈔》卷一百五十一「光風轉蕙」注、《初學記》卷一「光風」注《白孔六帖》卷二「轉蕙」注引《楚辭》悉同。此毛本獨譌，陳校當從《楚辭》、本書內證等正之。

東都已偵載　注：《毛詩》曰：以我覃耜，偵載南畝。毛萇曰：覃，利也。王肅曰：……言用我之利，始事於南畝也。

【陳校】

　　注「言用我之利。」「利」下，脫「耜」字。

【集說】

　　胡氏《考異》曰：注「言用我之利。」陳曰云云。是也，各本皆脫。
　　梁氏《旁證》曰：陳校「利」下增「耜」字。

【疏證】

　　奎本以下諸六臣合注本、尤本悉脫「耡」字。《集注》本有「耡」字。謹案：語見《毛詩注疏·小雅·大田》，鄭《箋》云：「時至，民以其利耡，熾菑發所受之地」，疏引王肅語，正作「利耡」字。王肅蓋從鄭《箋》爾。奎、尤本等當涉上毛《傳》而脫，毛本誤從尤本等，陳校當從《毛詩》補之。本條可見陳氏讀書之審慎、細致。

和謝宣城一首　　沈休文

晨趨朝建禮　　注：《漢書典職》曰：尚書郎晝夜更直於建禮門內。

【陳校】

　　注「《漢書典職》」。「書」，「官」誤。

【集說】

　　余氏《音義》曰：「《漢書典》」。「書」，何改「官」。

　　胡氏《考異》曰：注「《漢書典職》曰。」何校「書」改「官」。陳同。是也，各本皆譌。

　　梁氏《旁證》曰：何校「書」改「官」。各本皆誤。

【疏證】

　　奎本以下諸六臣合注本、尤本誤同。《集注》本正作「官」。謹案：陳、何校是也。《隋書·經籍志二》「《漢官典職儀式選用》二卷」注：「漢衛尉蔡質撰。」宋·陳振孫《直齋書錄解題》卷六《職官類》：「《漢官典儀》一卷續補一卷。漢衛尉蔡質撰。雜記官制及上書謁見禮式。」《翰苑新書》前集卷十四「更直建禮」注：「蔡質《漢官典職》曰：『尚書郎晝夜更直五日於建禮門外』」引同，皆是其證。

神交疲夢寐　　注：《列子》曰：夢有六侯。此六者皆魂神所交也。

【陳校】

　　注「夢有六侯。」「侯」，「候」誤。

【集說】

　　胡氏《考異》曰：注「皆魂神所交也」。所引《周穆王》文。

梁氏《旁證》曰：此所引《列子・周穆王篇》文。

【疏證】

尤本作「候」。《集注》本、奎本作「候」。明州本、贛本、建本善注皆脫「《列子》曰」下至「所交也」十六字。謹案：《周禮注疏・占夢》言及夢之六候「一曰正夢。二曰噩夢」云云。《列子》見《周穆王》篇，正作「候」字。《太平御覽》卷三百九十七引《列子》，誤作「條」。毛本獨因「候」、「侯」形近誤也。陳校當從尤本正毛本「侯」之誤，未及正注「皆魂」之衍，可推未檢《列子》。

浮惰及西崑　注：西崑，謂崦嵫，日之所入也。

【陳校】

注「謂崦嵫」。「嵫」，「嶷」誤。

【疏證】

《集注》本、奎本以下諸六臣合注本、尤本悉作「嶷」。謹案：本書《離騷經》「望崦嶷而勿迫」王逸注：「崦嶷，日所入之山也」，正作「嶷」，江文通《雜體詩・郭弘農璞》「崦山多靈草」注引同。毛本傳刻獨因形近而誤，陳校當從本書內證、尤本等正之。

冬節後至丞相第詣庶子車中作一首　　沈休文

題：庶子　注：蕭子顯《齊書》曰：揚州牧長子廉字景藹，為世子。蔡邕《獨斷》曰：諸侯適子稱世子。

【陳校】

［題］「冬節後至丞相第詣庶子」。「庶」，「世」誤。

【集說】

余氏《音義》曰：六臣「庶」作「世」。

孫氏《考異》曰：《音義》云：「六臣庶作世。」志祖按：據善注，「庶」字當是傳寫之譌。

許氏《筆記》曰：「庶子」，何改「世子」。

【疏證】

《集注》本、諸《文選》本悉作「世子」。謹案:《南史·齊高帝諸子上》,亦作「世子」。此毛本傳寫偶譌。題下注引蕭子顯《齊書》,復引蔡邕《獨斷》,皆稱廉「世子」,是陳、何校即可勇改無疑,無待披史書、《文選》諸本矣。

客位紫苔生 注:(《家語》)又曰:醮於客位,如其有成也。《禮記》又曰:賓於客位,祖於庭。

【陳校】

注「如其有成」。「如」,「加」誤。又「賓於客位。」「賓」,「殯」誤。

【疏證】

奎本以下諸六臣合注本、尤本悉作「加」、「殯」。《集注》本脫「又曰醮於」以下十一字;作「殯」。謹案:二語分別見《家語·冠頌》、《禮記注疏·檀弓上》,正作「加」、「殯」,《白虎通義·德論下·崩薨》引、《藝文類聚》卷四十引、《北堂書鈔》卷九十二引、本書顏延年《宋文皇帝元皇后哀策文》「降輿客位」注引《禮記》並作「殯」。《太平御覽》卷五百四十九引《家語》亦同。毛本之誤,分別因形近、音近致誤。陳校當從《家語》、《禮記》、本書內證、尤本等正之。

鬱鬱望佳城 注:《西京雜記》曰:銘曰:佳地鬱鬱三千年。

【陳校】

注「佳地鬱鬱」。「地」,「城」誤。

【集說】

余氏《音義》曰:「佳地」。「地」,何改「城」。

許氏《筆記》曰:注「佳地」,何改「佳城」。

【疏證】

《集注》本注、奎本以下諸六臣合注本、尤本注悉作「城」。謹案:語見《西京雜記》卷四,字正作「城」,《太平御覽》卷五百九十引同。《史記索隱·夏侯嬰傳》「卒謚為文侯」、《北堂書鈔》卷九十二、《初學記》卷十四「駟馬不行」,三家注引《博物志》皆作「城」。毛本獨因形近而譌,陳、何當以正文、《西京雜記》、尤本等正之。

三月三日率爾成篇一首　　沈休文

紫燕光陸離　　注：《楚辭》曰：玉佩弓陸離。

【陳校】

　　注「玉佩弓陸離。」「弓」，「兮」誤。

【疏證】

　　奎本以下諸六臣合注本、尤本悉作「兮」。謹案：語見《楚辭章句·九歌·大司命》，字正作「兮」。《藝文類聚》卷六十七、《太平御覽》卷六百九十二引同。此毛本獨因形近而譌，陳校當從《楚辭》、尤本等正之。

擬古詩十二首　　陸士衡

擬東城一何高

層曲鬱崔嵬

【陳校】

　　「鬱」，當作「鬱」。

【疏證】

　　五臣陳本誤同，其餘諸《文選》本並作「鬱」。謹案：《玉臺新詠·陸機擬古七首》、《海錄碎事》卷三上引《選》詩皆作「鬱」。黃氏《補注杜詩·冬到金華山觀——》「金華紫崔嵬」注引陸詩同。本條略可窺毛本與五臣陳本之關涉，陳校當從《玉臺新詠》、尤本等正之。

擬四愁詩一首　　張孟陽

佳人遺我綠綺琴　　注：傅玄《琴賦序》曰：中世司馬相如有綠綺，蔡邕有燋尾，皆名器也。

【陳校】

　　注「皆名器也」。「器」，「琴」誤。

【集說】

胡氏《考異》曰：注「皆名琴也」。袁本、茶陵本「琴」作「器」，是也。

梁氏《旁證》曰：六臣本「琴」作「器」，是也。

許氏《筆記》曰：「器」，何改「琴」。案：《傅序》，見《蔡邕傳》，又見《宋書·樂志》，皆作「名器」，何改非是。

【疏證】

奎本以下諸六臣合注本同。尤本作「琴」。謹案：《傅序》，見《後漢書·蔡邕傳》「故時人名曰：焦尾琴焉」注，字作「器」，《玉海》卷一百十同。許氏所稱《宋書》見《樂志一》，云：「琴，《世本》云：『神農所造。』《爾雅》：『大琴曰離，二十絃。』今無其器。……相如曰燋尾。伯喈曰綠綺。事出傅玄《琴賦》。世云：『燋尾是伯喈琴』，《伯喈傳》亦云爾。以傅氏言之，則非伯喈也。』」毛本當從六臣系統本，不誤。陳、何校所據蓋尤本，並非也。前胡、許說皆得。梁氏因前胡耳。

擬魏太子鄴中集詩八首　謝靈運

序：漢武帝徐樂諸才

【陳校】

「漢武帝徐樂」。「帝」下脫「時」字。

【集說】

余氏《音義》曰：「武帝」（下）五臣有「時」字。

孫氏《考異》：「武帝」下，五臣本有「時」字。

胡氏《考異》曰：陳曰云云。今案：所說非也。袁本云：善無「時」字，茶陵本云：五臣有「時」。此非善傳寫脫，句例自不與上同，無煩依五臣添。

【疏證】

尤本同。五臣正德本及陳本作「帝時」，奎本、明州本同，校云：善本無「時」字。贛本、建本作「帝」，校云：五臣有「時」。謹案：檢史容《山谷外集詩注·答王道濟寺丞觀許道寧山水圖》「蠹穿風物皆愛惜」注引本序作「漢武時」字。此三字最是。「帝」當改「時」，陳校尚失一間。前胡「此非善傳寫脫，句例自不與上同，無煩依五臣添」云云，似是。

「句例不與上同」，蓋謂序上文：「楚襄王時有宋玉唐景」、「梁孝王時有鄒枚嚴馬」，帝王號下皆有「時有」二字也。毛本當誤從尤本耳。

撰文懷人　注：魏文帝《與吳質書》曰：撰其遺文，卻為一集。

【陳校】

注「卻為一集。」「卻」，「都」誤。

【集說】

胡氏《考異》曰：注「卻為一集。」何校「卻」改「都」。陳同。是也，各本皆譌。

梁氏《旁證》同胡氏《考異》。

【疏證】

奎本以下諸六臣合注本、尤本咸同。謹案：《藝文類聚》卷二十六、《冊府元龜》卷四十、本書《與吳質書》皆作「都」，本書並有善注「《廣雅》曰：『撰，定也。都，凡也。』」是善本固作「都」。毛本蓋誤從尤本等，陳校當從本書內證、類書等正之。

王粲

排霧屬盛明　注：王逸《晉書》曰：樂廣為尚書令，衛瓘見而奇之。

【陳校】

注「王逸」。「逸」，「隱」誤。

【疏證】

奎本以下諸六臣合注本、尤本悉作「隱」。謹案：《太平御覽》卷十五、《初學記》卷二「青山青天」注引、卷十一「覩天」注引「樂廣」故事，並出「王隱《晉書》」。今本《晉書·樂廣傳》亦有類似敘述，可為佐證。王逸，未見有著《晉書》。本書顏延年《拜陵廟作》「晚達生戒輕」注引亦誤作「逸」。此毛本獨因「隱逸」字本連文偶誤，陳校當從類書、尤本等正之。

披雲對清朗　注：阮瑀《謝太祖牋》曰：惟力是視，敢有一心。

【陳校】

注「敢有一心」。「一」，「二」誤。

【疏證】

奎本以下諸六臣合注本、尤本悉作「二」。謹案：此阮氏逸文。「敢有二心」、「不敢有二心」語，係屢見於古文獻之常用語。且觀上下文義，亦當作「二」。毛本獨形近而誤，陳校當從尤本、上下文義等正之。

徐幹

悵焉若有失 注：《漢書》曰：戴良見黃憲。及歸，罔然若有失。

【陳校】

注「《漢書》」上，脫「後」字。

【疏證】

奎本以下諸六臣合注本、尤本悉同。謹案：語見范曄《後漢書·黃憲傳》。本書江文通《雜體詩·潘黃門岳》「悒然若有失」注引正有「後」字。李善引《後漢書》，有范曄、華嶠、謝承多家，為區而別之，例冠作者名氏。罕見漏名氏者，當傳寫所奪，故此處理補「范曄後」三字，方妥。毛本當誤從尤本等，陳補尚未完滿。前後《漢書》，古人傳寫亦不少見不加區分者，此又當別論。

劉楨

知深覺命輕 注：王逸《晉書》：孔垣表曰：士死知遇，恩令命輕。

【陳校】

注「王逸」。「逸」，「隱」誤。又「孔垣」。「垣」，「坦」誤。

【集說】

胡氏《考異》曰：注「王逸晉書」。陳曰云云。是也，各本皆誤。
梁氏《旁證》曰：陳校「逸」，改「隱」。各本皆誤。

【疏證】

奎本以下諸六臣合注本誤悉同。尤本誤「逸」、作「坦」。謹案：「逸」之誤，已見上「排霧屬盛明」條。本書顏延年《拜陵廟作》「晚達生戒輕」注引作「坦」，任淵《（陳師道）后山詩·宿泊口》「恩重覺身輕」注引本篇亦作「坦」。毛本蓋誤從六臣本系統，陳校當從本書內證、尤本等正之。

應瑒

詩序：流離世故，頗有飄薄之歎。

【陳校】

上《徐幹詩序》注引《國語》「王室多故」一條，當屬此下。

【集說】

姚氏《筆記》曰：《徐幹》首序注「桓公」云云，何移於「應瑒」首下。

【疏證】

奎本以下諸六臣合注本、尤本悉同。謹案：上《徐幹詩序》「有箕潁之心事，故仕世多素辭」注云：「《國語》：桓公問於史伯曰：『王室多故，余懼及焉。』」桓公之問，見《國語·鄭語》。原文「余懼及焉」下，尚有「其何所可以逃死？」一句，為善注所奪。此乃桓公之問的癥結。此一問與本首序「汝潁之士，流離世故，頗有飄薄之歎」云云，及詩中流露之遭遇多難，懼禍難及已之憂，正密合無間，故陳、何校移「桓公」云云於本首序下為注，梁氏《旁證》宗何、陳，故於《徐幹詩序》注云：「此注十七字，與本文無涉。」三家說誠是。本書班叔皮《北征賦》「哀生民之多故」注、潘正叔《迎大駕》「世故尚未夷」注並引《國語》，語境與本詩序同，而與《徐幹詩序》「有箕潁之心事」語境不合。毛本蓋誤從尤本等。

阮瑀

今復河曲游，鳴篴汎蘭汜 注：魏文帝《與吳質書》曰：文學記乘於後車。

【陳校】

注「記乘於後車」。「記」，當作「託」。

【疏證】

奎本以下諸六臣合注本誤同。尤本作「託」。謹案：本書謝玄暉《拜中軍記室辭隨王牋》「後乘載脂」注引亦誤「記」，魏文帝《與朝歌令吳質書》則作「託」。《魏志·吳質傳》裴注、《北堂書鈔》卷二十二《帝王部·太子》「文學託乘於後車」、卷一百十一「鳴葭啟路」注、卷一百五十四「景風扇物」注引並作「託」。毛本誤從六臣本系統，陳校當從尤本、本書內證、類書等正之。

文選卷三十一

傚曹子建樂府白馬篇一首　袁陽源

袁陽源　注：孫巖《宋書》曰：袁淑，字陽源，陳郡人。……彭城王起為祭酒，後遷至左衛率。府劭當行篡逆，淑諫，見害。

【陳校】

注「孫巖」，當作「沈約」。又「府劭當行」，當作「及兇劭行」。

【集說】

余氏《音義》曰：題注「孫巖《宋書》」，「孫巖」［何］改「沈約」。案：《隋‧經籍志》：「《宋書》六十五卷。齊冠軍錄事參軍孫巖撰」。何改「沈約」，非。

顧按：孫巖《宋書》六十五卷，見《隋志》，此誤改也。「巖」，當作「嚴」。

胡氏《考異》曰：注「孫巖《宋書》曰。」何校「孫巖」改「沈約」，陳同。按：濟注引「沈約」，茶陵本並善入五臣，何、陳皆據彼改。其實非也。《隋志》載「孫嚴《宋書》六十五卷」，《唐志》亦載之。「巖」，即「嚴」也，袁本與此正同。

梁氏《旁證》曰：何、陳校「孫巖」並改「沈約」。余曰：「《隋書‧經籍志》：《宋書》六十五卷，齊冠軍錄事參軍孫嚴撰。改沈約，非。」胡公《考異》曰：「濟注引沈約」云云。

姚氏《筆記》曰：「孫巖《宋書》」。「孫巖」，改「沈約」。「左衛率。府劭

當行篡逆」，減「府」字、「劭」上增「元兇」二字。

徐氏《糾何》曰：何改注「孫巖《宋書》」為「沈約《宋書》」。案：《隋‧經籍志》：「《宋書》六十五卷，齊冠軍錄事參軍孫巖撰。」孫巖自有《宋書》，不當改「沈約」。

許氏《筆記》曰：「袁陽源」下注「孫巖《宋書》」，何改「沈約」。案：《隋‧經籍志》：「《宋書》六十五卷，齊冠軍錄事參軍孫巖撰。」孫巖自有書，不當改「沈約」。嘉德案：茶陵本濟注引沈約《宋書》云：「善同」。何、陳皆據以改之。胡曰：「其實非也……巖即嚴也。」袁本作「孫巖」，不誤。

【疏證】

奎本、明州本濟注作「沈約」、善注作「孫巖」。濟注略詳於善，又多「《白馬篇》述遊俠分義之事。倣，象也」十三字。贛本首將善注混同濟注，作「善同濟註」，保留濟注「沈約《宋書》」云云。建本踵之，茶陵本蓋出建本。五臣正德本、陳本濟注引「沈約《宋書》」。尤本則從明州本剝離出善注。毛本從之。余氏《音義》、前胡《考異》說，是。陳、何校改，並非。本條最可證：余氏《音義》一書，迻錄何校《選注》文，多省主名「何改」、「何校」字樣。「案」字上「孫巖改沈約」，係余氏迻錄何校；「案」字以下，始為余氏校也（今「改」上「[何]」字，乃筆者依例添加）。又注「府劭當行」。奎本作「兇劭當行」；其濟注引沈約《宋書》作「及兇劭行」。明州本全同。贛本作「善同濟注」。濟注引沈約《宋書》作「府及兇劭行」。建本同贛本，惟濟注「及兇劭行」上，無「府」字。尤本作「兇劭當行」。考《宋書》本傳作「遷太子左衛率。元凶將為弒逆」，又世祖即位，使顏延之為詔亦曰「故太子左衛率淑」云云。知贛本、毛本「府」字必衍。善注自當作「兇劭當行」，尤本與奎本合，不誤。陳校蓋誤從濟注耳。

擬古詩二首　劉休玄

擬行行重行行

眇眇陵上道

【陳校】

「上」，「長」誤。

【集說】

　　余氏《音義》曰：「上」。六臣作「長」。

　　梁氏《旁證》曰：《新詠》「長」作「羨」，係傳寫誤。

　　胡氏《箋證》曰：作「羨」當是古本。《史記・衛世家・索隱》：「羨，墓道也。」字亦作「埏」，本書潘安仁《悼亡》詩注引《聲類》云「埏，墓隧也。」「墓道」義與「陵」合，後人不解此義，改「羨」為「長」，而又誤作「上」，皆非。

　　姚氏《筆記》曰：「眇眇陵上道。」「上」，改「長」。

　　許氏《筆記》曰：何改「長道」，依六臣本。

【疏證】

　　諸《文選》本悉作「長道」。宋刻《玉臺新詠》卷三作「羨道」。紀氏《玉臺新詠考異》曰：「長，宋刻作羨，誤。今從《文選》。」梁氏《旁證》亦以《新詠》係傳寫誤。謹案：陳、何改當從尤本等改毛本。然後胡《箋證》說，考鏡源流最辨，今從其說。然則，陳、何改猶未得也。紀氏、梁氏說皆非。

擬古三首　鮑明遠

（幽並）氈帶佩雙鞬　注：《搜神記》曰：太康中，以氈為貊頭及帶身袴口。

【陳校】

　　注「貊頭」。「貊」，當作「帕」。

【集說】

　　顧按：「貊」，即「帕」借字。

【疏證】

　　明州本、贛本、尤本、建本同。奎本作「帕」。《集注》本作「狛」謹案：《集韻・鎋韻》：「袹帞貊：邪巾袹頭，始喪之服。或从巾，亦作貊。」《禮記注疏・問喪》：「親始死，雞斯徒跣」鄭玄注：「今時始喪者，邪巾貊頭。笄纚之存象也。」皆是「貊」與「帕」同之證。顧氏說是。《北堂書鈔》卷一百三十四「氊陌頭」、《太平御覽》卷七百八並引《搜神記》作「陌」。蓋如《集注》之「狛」，並音同，與「貊」等通也。毛本當從尤本等，陳校疏於通假，非。

（魯客）設置守羹兔　注：（《毛詩》）又曰：肅肅兔置。

【陳校】

「置」，當作「罝」。

【疏證】

奎本並注誤同。《集注》本、明州本、贛本、尤本、建本並注作「罝」。謹案：《毛詩》語見《周南‧兔罝》篇，字正作「罝」。正文當同。《藝文類聚》卷九十五、《北堂書鈔》卷十一、《太平御覽》卷五十七、卷一百三十五等引並同。本書曹子建《贈白馬王彪》「中逵絕無軌」注、桓元子《薦譙元彥表》「兔罝絕響於中林」注引《毛詩》，亦並作「罝」。毛本未必從奎本，蓋「置」、「罝」形近而誤，陳校當從《毛詩》、本書內證、尤本等正之。

代君子有所思一首　鮑明遠

絲淚毀金骨　注：張叔及論曰

【陳校】

注「叔及論」。當作「升反論語」。

【集說】

顧按：「張升《反論》」見《魏都賦》注。此「叔及」字誤。《絕交論》注衍「語」字。自注：毛本有，宋本無。此轉據之增，非也自注：《與山巨源絕交書》注，亦作「張升《反論》」。

【集說】

汪氏《權輿‧注引群書目錄》曰：「張升《反論》」、「張叔及論」。志祖案：「張升《反論》」。此與下「張叔及論」，疑一書。

胡氏《考異》曰：注「張叔及論」，案：「叔及」當作「升反」，各本皆譌。張升，字彥真。范蔚宗《書》有傳在《文苑》。前《魏都賦》、後《與山巨源絕交書》注皆引《反論》不誤，可證也。《左傳》疏所引「賓爵下革」云云，今本或作「皮」，皆「反」之譌。

梁氏《旁證》曰：「叔及」當作「升反」。胡公《考異》曰：「張升，字彥真」云云。

胡氏《箋證》曰：《旁證》云：「叔及，當為升反。」孫氏志祖曰：「張升，後漢人，見范《書‧文苑傳》。所著《反論》雖不見本傳，大概如應劭《風俗通‧十反篇》之意，《廣絕交論》注引曰：『噓枯則冬榮，吹生則夏落。』義主相反。《昭七年左傳》正義引張叔皮論云：『賓雀下革自注：按：此用《月令》鴻雁來句。賓雀二句屬下讀，田鼠上騰，牛哀虎變，鯀化為熊。久血為燐，積灰生蠅。』『張叔皮』，蓋『張升反』之譌。」紹煐按：本書《答東阿王牋》注引張升《反論》曰：「青萍砥礪於鋒鍔，庖丁剖犧於用刀」，亦誤作「張叔及」。惟《與山巨源絕交書》注引「張升《反論》曰：『黃綺引身，巖棲南岳。』」不誤。

高氏《義疏》曰：錢大昕《潛研堂集》卷七曰：「問：『《左傳‧昭七年》正義引張叔《皮論》云：賓爵下革……。未審張叔皮何代人？據下文兩稱張叔，則張叔似人姓名。又不知《皮論》是何書也？』曰：『予初讀注疏，亦蓄疑久之。後讀李善注《文選》卷六引張升《反論》，卷五十五引張升《反論語》，卷四十三引張升《反論》，卷四十引張叔《及論》，卷三十一引張叔《及論》。其詞義與《春秋》疏所引，本是一篇之文，而篇名或云《反論》，或云《反論語》，或云《皮論》；其人名或云叔，或云升。考《後漢書‧文苑傳》有：張升，字彥真，陳留尉氏人。著賦、誄、頌、碑、書，凡六十篇。梁《七錄》有：外黃令《張升集》二卷。《反論》殆升所撰之一篇，如《解嘲》、《釋譏》之類。曰皮、曰及，皆字形相涉而譌，叔與升，亦字形相涉也。』」步瀛案：錢所引《文選》注蓋毛本，故與尤本不同。尤本本注作「《及論》」，五十五劉孝標《廣絕交論》注引無「論」字，其餘四十三嵇叔夜《與山巨源絕交書》、四十陳孔璋《東阿王牋》、三十一鮑明遠《代君子有所思》各注，則與毛本同也。叔、升字本易相亂，《御覽‧人事部》四十七及范書作「叔升」，又誤衍「叔」字耳。

【疏證】

《集注》本、奎本以下諸六臣合注本、尤本誤悉同。謹案：善注涉及「張升反論」者，如錢、高兩家說，本書凡五見：首見卷六《魏都賦》「英辯榮枯」注：「張升《反論》曰：噓枯則冬榮。」次則，卷三十一本條。三則，卷四十陳孔璋《答東阿王牋》「秉青萍干將之器」注：「張叔及論曰：青萍砥礪於鋒鍔」條，四則，卷四十三嵇叔夜《與山巨源絕交書》「許由之巖棲」注：「張升反論曰：黃綺引身」云云。五則，卷五十五劉孝標《廣絕交論》「敘溫郁則寒谷成暄」二句注：「張升《反論語》曰：『噓枯則冬榮，吹生則夏落。』」準錢

說，本條顧按、前胡並以張升所著為《反論》，以作「張叔」、「張叔皮」者皆非，其說皆當。今陳校「論」下多一「語」字。則可有兩種解釋：一，以「反論語」名書，然未見諸簿錄。二，若以「語」屬下讀，則為「語曰」字，似可解為《反論》所引俚俗成語。嗣得讀孫氏《脞錄》乃與古人闇合。《脞錄》卷二「反論語」條，云：翟教授灝《四書考異》云：「《文選・廣絕交論》注引『張升《反論語》。』今不知《反論語》為何等。據其名目，恐亦是劉子玄輩所為。是以《反論語》亦與《疑孟》、《刪孟》同科也。」志祖案：張升乃後漢人。見范《書・文苑傳》。其所著《反論》，雖不載本傳中，大概如應劭《風俗通・十反篇》之意。《文選注》引「語曰：嘘枯則冬榮，吹生則夏落」自注：此語又見《魏都賦》注引，但標「張升反論」。乃《反論》中引述成語，義主相反。晴江誤以論語二字屬讀，故疑其類《疑孟》、《刪孟》爾。《左傳・昭七年》正義引「張叔皮論云：賓雀下革，田鼠上騰，牛哀虎變，鯀化為熊。久血為燐，積灰生蠅。」「張叔皮論」，亦「張升《反論》」之誤。謹又案：今有孫說為證「俚俗成語」說得成立。故「語」字必為羨衍無疑。陳校不知《廣絕交論》注之衍，反「轉據之增」，顧批斥為「非」，誠是。

器惡含滿欹　注：《家語》曰：孔子觀於魯桓公之廟有欹器焉……孔子曰：吾聞宥坐之器，虛則欹，中則正，滿則覆。明君以為至誠，故常置於坐側。

【陳校】

注「明君以為至誠」。「誠」，「誠」誤。

【疏證】

奎本以下諸六臣本、尤本悉作「誠」。謹案：語見《孔子家語・致思》篇，正作「誠」字。《太平御覽》卷五百九十引同。此毛本獨傳寫形近而譌。陳校當據《家語》、尤本等正之。

物忌厚生沒　注：《老子》曰：人之生生之厚，動皆之死也，十有三。夫何故？以其生生之厚也。

【陳校】

注「死也十有三」。「也」，「地」誤。

【集說】

姚氏《筆記》曰：注引「《老子》曰：人之生生之厚」云云。校改：「人之生，動之死地者，亦十有三。夫何故？以其生生之厚。」「厚」下無「也」字。

【疏證】

奎本、贛本、尤本、建本並同。惟明州本「夫」誤「失」，餘同。謹案：語見《老子德經・貴生》：「人之生，動之死地十有三。夫何故？以其生生之厚。」河上公《章句》云：「人之求生，動作反之，十三死也。問何故動之死地也？所以動之死地者，以其求生活之事太厚，違道忤天，妄行失紀。」「死也」改「死地」，陳校當據《老子》改。然觀上諸《文選》本並作「也」，進而審《德經》上下文義語氣，「死也」已有「死地」之義，是李善所見本已如此，故不改亦得。姚校亦出《老子》，本義未改而改字為多，益不足為法。

傚古一首　范彥龍

失道刑既重　注：《漢書》曰：李廣與右將軍食其合軍出東道，或失道。

【陳校】

注「或失道。」「或」，「惑」誤。

【集說】

胡氏《考異》曰：注「或失道。」陳曰云云。是也，各本皆譌。

梁氏《旁證》同胡氏《考異》。

【疏證】

奎本、明州本、贛本、尤本同。建本偶脫「或失道」三字。《集注》本作「惑」。謹案：語見《漢書・李廣傳》，字作「惑」，師古注：「惑，迷也。」而同書《霍去病傳》作「而前將軍廣、右將軍食其軍別從東道，或失道」師古注：「或，迷也。」《史記・李將軍列傳》亦作「或」。可見「或」，實與「惑」通。《戰國策・魏策三》：「今大王與秦伐韓，而益近秦，臣甚或之，而王弗識也。」《史記・魏世家》作「惑」。又是其證。或與惑通，參上謝惠連《西陵遇風獻康樂》「積素盛原疇」條。毛本蓋從尤本等，陳校則從《漢書》。毛本未必非，陳校、前胡皆拘泥顏本《漢書・李廣傳》，未必得也。

漢道日休明　注：《左氏傳》王孫滿曰：德之休明也。

【陳校】

注「德之休明也。」「也」字衍。

【疏證】

奎本、明州本、尤本同。《集注》本、贛本、建本無「也」字。謹案：事見《春秋左傳注疏·宣公三年》，王孫滿語曰：「德之休明，雖小，重也。」本書潘安仁《西征賦》「當休明之盛世」注、任彥昇《出郡傳舍哭范僕射》「接景事休明」注、謝靈運《永初三年七月十六日──》「生幸休明世」注、謝玄暉《始出尚書省》「惟昔逢休明」注、傅季友《為宋公求加贈劉前軍表》「德之休明，沒而彌著」注、謝玄暉《拜中軍記室辭隋王牋》「屬天地休明」注、陸士衡《五等論》「夫德之休明」注、潘安仁《楊仲武誄》「德之休明」注引皆無「也」字。本條毛本偶衍，陳校當從本書內證、尤本等正之。

雜體詩三十首　江文通

李都尉從軍陵

袖中有短書，願寄雙飛燕　注：《桓子新論》曰：若其小說家合殘叢小語。……虞義《送別詩》曰。

【陳校】

注「合殘叢小語」。「殘叢」，當乙。又「虞義」，當作「虞羲」。

【集說】

胡氏《考異》曰：注「虞義《送別詩》曰。」陳云：「義，當作羲。」是也，各本皆誤。

梁氏《旁證》曰：陳校「義」改「羲」，是也。各本皆誤。

【疏證】

奎本以下諸六臣合注本、尤本悉作「叢殘」、「義」。謹案：「合叢殘小語」云云，今本《新論》亦未見，然姚寬《西溪叢語》引作「蕞淺小語」《說郛》卷三十三上，亦可證作「叢殘」者是。陳校當從尤本等乙之。義，從「義」得聲，字或得通。《莊子·馬蹄》「雖有義臺路寢，無所用之」釋文：「義，一本作羲。」

是其證。《隋書‧經籍志四》載：「齊前軍參軍虞羲集九卷」，作「羲」。《藝文類聚》卷二十九齊‧虞羲《送友人上湘》詩曰「濡足送征人」云云、《南史‧王僧孺傳》云：「虞羲，字士光。會稽餘姚人。盛有才藻，卒於晉安王侍郎」，並作「義」，而《通志‧王僧孺傳》文同《南史》，則又作「羲」。因此，毛本同《藝文類聚》、《南史》未必誤。陳校則從史籍簿錄、總集、尤本等，然不改亦得。

班婕妤詠扇

紈扇如圓月　注：班婕妤《怨詩》曰：團圓似明月。

【陳校】

　　注「團圓」。「圓」，「團」誤。

【集說】

　　許氏《筆記》曰：「團圓」。「圓」，何改「團」。

【疏證】

　　贛本、建本誤同。奎本、明州本、尤本作「團團」。謹案：班氏《怨歌行》，《藝文類聚》卷四十一、卷六十九、《太平御覽》卷七百二、《玉臺新詠》卷一併作「團團」。詩又載在本書，亦作「團團」，本書謝玄暉《和王主簿怨情》「辭寵悲班扇」注引，同。贛本當涉正文而誤。毛本當誤從六臣本系統本，陳校當從本書內證、尤本等正之。

竊恐涼風至　注：班婕妤《怨詩》曰：常恐秋節至。

【陳校】

　　「竊恐涼風至。」「恐」，當作「愁」。

【集說】

　　梁氏《旁證》曰：《玉臺新詠》「愁」作「悲」。毛本誤作「恐」。

【疏證】

　　諸《文選》本咸作「愁」。謹案：《古今合璧事類備要》外集卷六十引，亦作「愁」。《樂府詩集‧相和歌辭》則同《玉臺新詠》。此毛本獨因涉注文而改正文，陳校當從尤本等正之。

陳思王贈友曹植

徙倚拾蕙若　注：《楚辭》曰：紉秋蘭以為佩。

【陳校】

　　注「紉秋蘭以為佩。」當作「連蕙若以為佩」。

【集說】

　　余氏《音義》曰：「紉秋蘭」。何改「聯蕙若」。

　　徐氏《糾何》曰：何改注「《楚詞》紉秋蘭以為佩」作「聯蕙若以為佩」。案：元注於本詩無着，當自有誤。但「連蕙若」句是東方朔《七諫》，而非屈子《離騷》。

　　許氏《筆記》曰：何改「聯蕙若」。案：此是《七諫》語，非《離騷》也。嘉德案：《離騷》作「紉秋蘭以為佩」，《七諫》作「聯蕙若以為佩」，注釋「蕙若」作「紉秋蘭」，傳寫譌也。

【疏證】

　　《集注》本、奎本以下諸六臣合注本、尤本悉作「聯蕙若」。謹案：語見《楚辭章句·七諫章句·（東方朔）初放》，正作「聯蕙若以為佩。」《太平御覽》卷六百九十二、卷八百二十八兩引作「連蕙若」。「連」與「聯」同。毛本偶錯位，陳、何校當從《楚辭》、尤本等正之。許異行說，多有雷同徐氏《糾何》，許雖在徐前，然《筆記》問世居後，豈嘉德竄入歟？

劉文學感遇楨

霜露一何緊　注：劉直《贈徐幹詩》曰：風聲一何盛。

【陳校】

　　注「劉直」。「直」，當作「楨」。

【疏證】

　　奎本以下諸六臣合注本、尤本悉作「楨」。謹案：劉詩載在本書，作「劉公幹《贈從弟三首（亭亭）》」。《藝文類聚》卷八十八作「劉公幹詩」，故作「楨」，是。此毛本獨因形近而誤，陳校當從本書內證、尤本等正之。各本詩名皆誤。

橘柚在南國，因君為羽翼　注：橘柚在南雖珍，須君翼乃為貴也。

【陳校】

注「須君翼乃為貴。」「為」字衍，「君」下脫「羽」字。

【疏證】

奎本以下諸六臣合注本、尤本，「君」下並有「羽」字、無「為」字。謹案：注「羽」、「為」字乃涉正文而脫、衍，此毛本獨誤，陳校當從尤本等正之。

王侍中懷德糸

冀闕緬縱橫　注：《西征賦》曰：冀闕緬其堙盡。

【陳校】

注「冀闕緬其煙盡。」「煙」，「堙」誤。

【疏證】

《集注》本、奎本以下諸六臣合注本、尤本悉作「堙」。謹案：《西征賦》載在本書，正作「堙」字。下聯上句作「覓陛殿之餘基」，作「堙盡」字，始為「餘基」字所相承。毛本獨因形近而誤，陳校當從本書內證、上下文義、尤本等正之。

阮步兵詠懷籍

青鳥海上遊　注：《莊子》曰：《齊諧》曰：鵬之徙南溟。

【陳校】

注「鵬之徙南溟。」「徙」，「徒」誤。

【疏證】

奎本誤同。明州本、贛本、尤本、建本作「徙」。謹案：語見《莊子·逍遙遊》，正作「徙」。宋·王得臣《塵史·詩話》引《莊子》，同。奎本、毛本同因形近而誤。陳校當從尤本、本書內證等正之。

朝雲乘變化　注：阮籍《詠懷詩》曰：朝雲連荒淫。

【陳校】

注「朝雲連荒淫。」「連」，「進」誤。

【疏證】

奎本以下諸六臣本、尤本悉作「進」。謹案：語見本書阮籍《《詠懷詩（湛湛）》篇，字正作「進」。宋·何谿汶《竹莊詩話》卷三引亦作「進」字。此毛本獨因形近而誤，陳校當從本書內證、尤本等正之。

潘黃門述哀岳

青春速天機　注：《楚詩》曰：青春（爰）〔受〕謝

【陳校】

注「《楚詩》」。「詩」，「詞」誤。

【集說】

胡氏《考異》曰：注「《楚詩》曰：青春爰謝。」何校「詩」改「詞」，陳同。是也。「爰」，當作「受」，各本皆譌。

梁氏《旁證》曰：胡公《考異》曰云云。

【疏證】

明州本、尤本同。奎本作「詞」。《集注》本、贛本、建本作「辭」。謹案：語見《楚辭章句·大招》。本書謝靈運《遊南亭》注引作「《楚辭》曰：青春受謝。」《九家集注杜詩·送樊二十三侍御赴漢中判官》「白日照執袂」注、又《湘江宴餞裴二端公赴道州》「白日照舟師」注引並作「楚詞」，餘同。「詞」與「辭」同。尤本蓋從明州本之譌，毛本誤從尤本等，陳、何校當從《楚辭》正之。

明月入綺窗　注：潘岳《悼亡詩》曰：歲寒無異同。

【陳校】

注「歲寒無異同」。「異」，「與」誤。

【疏證】

奎本、明州本同。《集注》本、贛本、尤本、建本作「與」。謹案：語見本書潘氏《悼亡詩（皎皎）》篇，正作「與」字，《藝文類聚》卷三十四、《玉臺新詠》卷二引並同。本書謝靈運《酬從弟惠連》詩：「長懷莫與同」注、《北堂書鈔》卷一百五十「朗月」注引並作「與」。毛本疑有所出，陳校當從本書內證、尤本等正之。

消憂非萱草，永懷寧夢寐　注：《毛詩》曰：……《毛詩》曰：絕其永懷。

【陳校】

　　注第二《毛詩》。「詩」，「萇」誤。又「絕其永懷。」「絕」，「終」誤。

【疏證】

　　《集注》本、奎本以下諸六臣合注本、尤本悉作「詩」、作「終」。謹案：下《毛詩》，見《小雅‧正月》篇，正作「終」字，然確為《毛詩》正文，非傳文。本書蔡伯喈《郭有道碑文》「永懷哀悼」注引亦作「《毛詩》曰：終其永懷。」毛本衹誤「絕」字，作「毛詩」不誤，陳校蓋涉上「毛詩」字而譌，亦得失參半。

我憇北海術　注：《列異傳》曰：……其裾為戶所閉。掣絕而去。歲餘，此人死，家葬之，開見婦人蓋下有衣裾。

【陳校】

　　注「歲餘」上，脫「後」字。又「開見婦人」。「人」，「棺」誤。

【疏證】

　　《集注》本、奎本以下諸六臣合注本、尤本悉有「後」字、作「棺」。謹案：此毛本獨奪、誤。事亦見《搜神記》卷二，「歲餘」上作「至後」、作「棺」。《太平御覽》卷五百五十一引《搜神記》同，可為陳校佐證。陳校當從尤本等正之。

陸平原_{羈官機}

馳道遵淮泗　注：《毛詩》曰：驅馬悠悠。

【陳校】

　　「道」，「馬」誤。

【集說】

　　孫氏《考異》曰：「馳馬遵淮泗。」「馬」誤「道」。

　　姚氏《筆記》曰：「道」。何改「馬」。

　　許氏《筆記》曰：「馳道」。依注作「驅馬」。嘉德案：六臣本作「驅馬」，云：「驅，善作馳」。此亦據譌本為說。李引「驅馬悠悠」為注，李自作「驅」。

錢本作「馳道」，同誤。

【疏證】

　　尤本「馳馬」。《集注》本、五臣正德本及陳本作「驅馬」，奎本、明州本同，校云：善本作「馳」。贛本、建本作「馳馬」校云：五臣作「驅」。謹案：諸《文選》本悉作「馬」。但據善注引《毛詩‧鄘風‧載馳》，足可證當作「馬」。此毛本傳寫獨誤，陳校當從本書內證、尤本等正之。據注，諸本文作「馳」者，亦當改「驅」。

遊子易感（慨）〔憷〕　　注：劉公幹詩曰：平人易感動。

【陳校】

　　注「平人易感動」。「平」，「乖」誤、「動」，「慟」誤。

【疏證】

　　尤本作「乖」、「慟」。《集注》本作「乖」、「動」。奎本以下諸六臣合注本作「平」、作「慟」。謹案：劉詩，見本書《贈徐幹》作「乖」、「動」，《竹莊詩話》卷二引並同。五臣良注：「乖，離也。」頗切劉氏詩意，故「平」乃形近而誤。毛本蓋誤從六臣合注本。陳校當從尤本、本書內證等正之。觀劉詩下句「涕下與衿連」字，則尤本作「慟」或有所自。

離思非徒然　　注：陸機《赴洛陽》詩曰：感物戀堂室，離思一何深。

【陳校】

　　注「《赴洛陽》」。「陽」字衍。

【疏證】

　　《集注》本、奎本以下諸六臣合注本、尤本悉無「陽」字。謹案：陸詩載在本書，正作「赴洛」字，《九家集注杜詩‧望牛頭寺》「梯逕繞幽林」注引陸詩同。毛本傳寫之誤，陳校當據本書內證、尤本等正之。

左記室詠史思

建功在河源　　注：《山海經》曰：崑崙之東北隅，實唯海源也。

【陳校】

　　注「實唯海源」。「唯」，「河」誤。

【集說】

余氏《音義》曰：「實唯」。「唯」，何改「河」。

胡氏《考異》曰：注「實河海源也。」袁本、茶陵本「河」作「唯」。何校「唯」改「河」，去「海」字。案：此尤改「海」為「河」，而誤當「唯」字處耳。「唯」、「河」當兩有。

梁氏《旁證》曰：注「實河海源也。」當作「實惟河源也」。各本所校改並誤。

【疏證】

明州本、贛本、建本同，尤本作「實河海源也。」《集注》本、奎本作「實惟河源也」。謹案：語見《山海經・北山經》，正作「實惟河源也」，《經典釋文・爾雅音義》、《爾雅・釋水》「河出崑崙虛色白」注引《山海經》並同。《集注》本、奎本皆是。前胡說是。毛本誤從六臣贛本系統，陳、何校亦失之眉睫間焉。本條，余氏、前胡繫何校，與周鈔《舉正》不同。

賈誼位方尊　注：（《漢書》）又曰：文帝悅之，起遷。

【陳校】

注「起遷」。「起」，「超」誤。

【疏證】

明州本、建本同。《集注》本、奎本、贛本、尤本作「超」。謹案：語見《漢書・賈誼傳》，正作「超」字，《北堂書鈔》卷五十六「文帝悅賈誼」注、《蒙求集註》卷上「賈誼忌鵩」引、《古今合璧事類備要》後集卷四十引並同。毛本當誤從建本等，陳校當從《漢書》、尤本等正之。

張黃門苦雨協

高談玩四時　注：曹子建《求親親表》曰。高談無所與陳

【陳校】

注「求親親」。「求」下脫「通」字。

【集說】

胡氏《考異》曰：注「曹子建《求通親表》曰」。袁本、茶陵本「通」作

「親」，案：此尤添「通」字而誤改去上「親」字耳。當兩有，作「求通親親」。

【疏證】

　　《集注》本、奎本以下諸六臣合注本咸同。尤本作「求通親」字。謹案：曹《表》載在本書，正作「《求通親親表》」，唐・丘光庭《兼明書・文選》、嘉定本《曹子建》集卷八並同。然本書劉越石《答盧諶》「竭心公朝」注、張士然《為吳令謝詢求為諸孫置守塚人表》「故天稱罔極之恩」注、任彥昇《為蕭楊州作薦士表》「庠序公朝」注引並作「求親親表」字。頗疑李善注本用省稱。黃氏《補注杜詩・自京赴奉先縣詠懷五百字》「葵藿傾太陽」注引作「曹植《求通親表》」，則同尤本。毛本當從六臣合注本，陳校則從本書內證、曹《集》等，為全稱耳。前胡說，未必是。

劉太尉傷亂琨

皇晉遘陽九　注：劉琨《答盧諶詩》曰：厄運初遘，陽九在六。

【陳校】

　　注「陽九在六。」「九」，「爻」誤。

【疏證】

　　奎本以下諸六臣合注本、尤本悉作「爻」。謹案：劉詩見本書，正作「爻」字，注並同。此毛本因涉正文及注下文而誤，陳校當從本書內證、尤本等正之。

天下橫氛霧　注：郭璞《山海經》曰：橫，塞也。

【陳校】

　　注「《山海經》」下，脫「注」字。

【集說】

　　梁氏《旁證》曰：六臣本、尤本「經」下並有「注」字。本書《海賦》注、左太沖《招隱詩注》引並同。而今《山海經注》無此文。

【疏證】

　　《集注》本、奎本以下諸六臣合注本、尤本悉有「注」字。謹案：本書木玄虛《海賦》「魚則橫海之鯨」注、左太沖《招隱詩》「荒塗橫古今」注引並有

「注」字。毛本偶脫，陳校當從本書內證、尤本等正之。

感激徇馳騖 注：《解嘲》曰：世亂則生哲馳騖而不足。

【陳校】

注「世亂則生哲」。「生」，「聖」誤。

【疏證】

《集注》本、奎本以下諸六臣合注本、尤本悉作「聖」。謹案：揚子雲《解嘲》見本書，與下句「庸夫」相對，正作「聖」字，《漢書》、《通志·揚雄傳》、《玉海》卷一百四十三並同，本書陸士衡《答賈長淵》「雄臣馳騖」注引亦同。毛本蓋因音近而誤，陳校當從《漢書》、本書內證、尤本等正之。

功名惜未立 注：劉琨《重贈盧諶詩》曰：功業未及見。

【陳校】

注「功業未及見」。「見」，「建」誤。

【疏證】

《集注》本、奎本以下諸六臣合注本、尤本悉作「建」。謹案：劉詩見本書，正作「建」。《晉書·劉琨傳》同。《九家集注杜詩·奉送王信州崟北歸》、《補注杜詩》「行止各雲浮」注引亦同。《四庫全書考證·漢魏六朝百三家集中》：「《重答盧諶》：功業未及建。刊本建訛見，據《晉書》及《文選》改。」毛本獨因音近而誤，陳校當從本書內證、尤本等正之。

盧中郎感交諶

信陵佩魏印 注：《史記》曰：公子遂將破秦軍於阿水。

【陳校】

注「破秦軍於阿水。」「阿水」，當作「河外」。

【疏證】

奎本以下諸六臣合注本誤同。《集注》本、尤本作「河外」。謹案：語見《史記·信陵君列傳》，正作「河外」，《通志·信陵君傳》、《冊府元龜》卷二百三十九、卷二百五十三、卷三百九十二三引並同。毛本誤從六臣合注本，陳校當從《史記》、尤本等正之。

張廷尉 雜述綽

題：張廷尉

【陳校】

「張」，五臣本作「孫」，為是。

【集說】

余氏《音義》曰：「張廷尉」。何曰：五臣「張」作「孫」。是。

孫氏《考異》曰：何曰：五臣本「張」作「孫」。是。

胡氏《考異》曰：「張廷尉」。「張」當作「孫」。茶陵本有校語云：「張，五臣作孫。」袁本亦作「張」，無校語。考此三十首，善於其人之不見《選》中者，必為之注。如許征君、休上人是也。其劉琨、郭璞稱贈官，亦必為之注。善例精密乃爾。倘果別有「張廷尉綽」，不當反不注，可見善自作「孫」。因《遊天台山賦》下注其「尋轉廷尉卿」訖，故不須注也。袁本所用正文係五臣，而字作「張」，疑五臣乃誤為「張」。茶陵本校語恐倒錯。何校云：「五臣作孫。是。」陳同。誤認茶陵校語為善真作「張」、五臣真作「孫」，雖知江題之作「孫」，而未得善理也。

梁氏《旁證》曰：六臣本校云：「張，五臣作孫。」按：作「孫」是也。胡公《考異》曰：「考此《三十首》……故不須注也」。

許氏《筆記》曰：「孫廷尉」作「張廷尉」，李氏必無錯誤至此，但未知何人所妄改。嘉德案：孫綽字興公，為章安令，尋轉廷尉。《遊天台山賦》引《晉中興書》可證。別無所謂「張廷尉名綽」也。茶陵本作「張」，云：「五臣作孫。」此校語譌也。胡云「此三十首」云云。

【疏證】

監本、奎本、明州本作「張」，無校語。尤本從明州本。贛本作「張」，校云：五臣作「孫」。建本從之。五臣正德本及陳本作並作「孫」。謹案：《集注》本作「孫」，引《鈔》同。《鈔》曰：「孫綽《雜述詩》在興公本集，文通今擬之。」言之鑿鑿。善無注，是善與五臣、《鈔》等凡《集注》所錄諸家並作「孫」無異辭爾。本書除《遊天台山賦》外，別有顏延年《應詔讌曲水作》「天臨海鏡」注等十三、四處引孫氏詩賦各體作品，而未見有引「張綽」者，似亦可為作「孫」不作「張」之旁證。前胡《考異》謂善作「孫」、批評何校「誤認茶

陵校語為善真作張」，悉是；然謂五臣作「張」，則非也。奎本首誤作「張」，裴本、明州本不能正，袁本蓋誤從裴本，尤本則誤從明州本耳。茶陵本則出贛、建本系統。諸本從出之跡斑斑可尋。毛本當誤從尤本等，陳、何校言從五臣，五臣則有本書《遊天台山賦》作者下注可援為據也。

因為殤子夭

【陳校】

「為」，「謂」誤。

【集說】

孫氏《考異》曰：「為」。六臣本作「謂」。

許氏《筆記》曰：「為」。何改「謂」。

【疏證】

《集注》本、諸《文選》本悉作「謂」。謹案：「為」，與「謂」通，已見謝靈運《石壁精舍還湖中作》「寄言攝生客」條。又非善與五臣之別，故毛本作「為」未必誤，陳、何非必從尤本等改爾。

靜觀尺棰義 注：《莊子》曰：一尺之棰，日取其半，萬世不及。辯者以此與惠施相應，於身無窮。

【陳校】

注「萬世不及。」「及」，「竭」誤。又「於身無窮」。「於」，「終」誤。

【集說】

胡氏《考異》曰：注「於身無窮。」陳云：「於，終誤。」是也，各本皆誤。所引《天下》篇文。

梁氏《旁證》曰：陳云：「於，當作終。」各本皆誤。

【疏證】

奎本以下諸六臣合注本、尤本悉作「竭」、誤「於」。《集注》本作「竭」、「終」。謹案：《莊子·天下》篇，正作「竭」、「終」。史容《山谷外集詩注·見子瞻餐字韻詩——》「人生等尺捶，豈耐日取半」注引亦作「竭」、「終」。本書劉孝標《廣絕交論》「黃馬之劇談」注引作「終」。毛本獨因音近而誤作「及」；作「於」，則誤從尤本等。陳校當從《莊子》等正之。

可以狎鷗鳥　注：《莊子》曰：旦而之海生，從鷗鳥游。

【陳校】

注「海生，從鷗鳥」。「生」，「上」誤。

【疏證】

《集注》本、奎本以下諸六臣合注本、尤本悉作「上」。謹案：語見《藝文類聚》卷九十二、《太平御覽》卷九百二十五、《記纂淵海》卷五十六引、《九家集注杜詩·白帝城》「樓輕輕不下鷗」注、任淵《山谷內集詩注·奉同子瞻韻寄定國》「白鷗盟已寒」注引並作「上」。然五本皆言出《列子（黃帝篇）》。此或李善偶疏，或善所見《莊子》本與今本異。毛本傳寫之譌，陳校當從尤本等正之。

謝僕射遊覽混

寥寥心悟永　注：《莊子》曰：寥已吾志。郭象曰：寥然室虛也。

【陳校】

注「寥然室虛」。「室」，「空」誤。

【疏證】

明州本誤同。《集注》本、奎本、贛本、尤本、建本作「空」。謹案：郭注語見《莊子·知北遊》篇，正作「空」字。毛本或從誤本，陳校當從《莊子》郭注、尤本等正之。

卷舒雖萬緒，動復歸有靜　注：《老子》曰：……王弼曰：凡有起於虛，動於靜，故萬物離並動作，歸於虛靜。

【陳校】

注「萬物離並動作」。「離」，「雖」誤。

【集說】

余氏《音義》曰：「離並」。何「離」改「雖」。

胡氏《考異》曰：注「動於靜，故萬物離並動作。」何校「於」上添「起」字，「離」改「雖」。陳同。是也，各本皆脫、誤。

梁氏《旁證》同胡氏《考異》。

【疏證】

　　尤本脫、誤同。《集注》本正有「起」字、作「雖」字。奎本、贛本脫「起」、作「雖」。明州本、建本脫「起」、譌「離」。謹案：語見王弼注《老子道德經》上篇「吾以觀復」下，正有「起」字、作「雖」字。毛本誤從尤本等，陳、何校乃據《道德經》王注補正之。《集注》本，最是。

曾是迫桑榆　　注：桑榆，日所沒，以踰人年老。已見上文。

【陳校】

　　注「以踰人年老。」「踰」，「喻」誤。

【疏證】

　　《集注》本、奎本、尤本作「喻」。明州本、贛本、建本無「桑榆」以下十四字。謹案：明州本首脫此十四字。贛、建本踵之。「已見上文」，謂本書曹子建《贈白馬王彪》「年在桑榆間，影響不能追」注、劉休玄《擬古詩‧擬行行重行行》「願垂薄暮景，照妾桑榆時」注，並作「日在桑榆，以喻人之將老」云云。毛本從尤本而傳寫有誤，陳校當從本書內證、尤本等正之。

陶徵君田居潛

種苗在東皋　　注：《歸去來》曰。

【陳校】

　　注「歸去來」下，脫「詞」字。下並同。

【集說】

　　顧按：此非脫。

【疏證】

　　奎本、明州本、尤本同。贛本有「詞」字。建本有「詞」字，刪去「曰」字。謹案：本篇善注三見「歸去來」，皆無「詞」字；陶詞，載在本書，題正無「詞」字，作者下注引其序曰：「故命篇曰歸去來」同。又本書顏延年《陶徵士誄》「賦詩歸來，高蹈獨善」注：「歸來，《歸去來》也。」顧按不以陳校為然，緣此。毛本從尤本未必非，陳校不必補也。陳校當從贛本。「詞」與「辭」同。

謝臨川_{遊山}靈運

丹井復寥沈 注：《抱朴子》曰：武陵舞陽有丹砂井。

【陳校】

注「武陵舞陽」。「舞」，當作「辰」。

【疏證】

奎本以下諸六臣合注本、尤本悉同。謹案：今本《抱朴子》未見「舞陽」字。然其《僊藥》篇云：「余亡祖鴻臚少卿，曾為臨沅令。」言及此縣有廖氏家，世世壽考。疑其井水殊赤，掘井，得古人埋丹砂數十斛。丹砂汁因泉漸入井，是以飲其水而得壽云。臨沅，漢屬武陵郡，見《後漢書·光武帝紀下》「武陵蠻寇」李賢注：「臨沅，縣名，屬武陵郡。」考《漢書·地理志上》，屬縣十三：臨沅、無陽、辰陽皆在其中。然則「舞陽」即「無陽」，「舞」當「無」之假字，陳氏未悟及此，遂據一「陽」字，改作「辰陽」，雖失之未遠，然畢竟逞胸臆改，不足取也已。

顏特進_{侍宴}延之

中坐溢朱組 注：《魯靈光殿賦》曰：中坐正景。

【陳校】

注「中坐正景。」「正」，「乘」誤。

【疏證】

奎本以下諸六臣合注本同。尤本作「乘」。謹案：王文考《魯靈光殿賦》載在本書，作「垂」，注曰：「言臺之高，自中坐而乘日景也。」《藝文類聚》卷六十二、《古今事文類聚》續集卷五作「垂」。本書江文通《從冠軍建平王登廬山香鑪峯》「中坐瞰蜿虹」注引作「垂」。足見作「垂」，是。尤本蓋據注文臆改作「乘」，非。毛本當從六臣合注本，陳校蓋誤從尤本。

測恩躋踰逸 注：愉逸，耽樂縱逸也。

【陳校】

「踰」，「愉」誤。

【集說】

　　孫氏《考異》曰：「踰」，五臣作「愉」。按據善注亦當作「愉」。「踰」字傳寫之譌。

　　胡氏《考異》曰：袁本「踰」作「愉」，云善作「踰」。茶陵本云五臣作「愉」。案：善以「耽樂」注之，是自作「愉」，非與五臣有異，但傳寫譌「踰」。各本所見皆非。陳云「踰，愉誤。」得之。

　　梁氏《旁證》曰：「測恩躋踰逸。」陳校「愉作踰，誤。」六臣本校語皆有誤。

　　胡氏《箋證》曰：六臣本校云：五臣「踰」作「愉」。按：注「愉逸，耽樂縱逸也」，是善本亦作「愉」，此涉「躋」字而誤從「足」旁耳。

　　許氏《筆記》曰：「踰逸」。依注作「愉逸」。嘉德案：茶陵及袁本云：「善作踰」、「五臣作愉」，此謬倒也。李以「愉逸耽樂」為注，善自作「愉」。今本作「踰」，延五臣耳。

【疏證】

　　尤本誤同。五臣正德本及陳本作「愉」，奎本、明州本同，校云：善本作「踰」。贛本、建本作「踰」，校云：五臣作「愉」。謹案：吳曾《能改齋漫錄》卷七引顏詩亦作「愉」。五臣作「愉」，向注可證。孫氏、前胡兩家說，最得其真。嘉德說，非是。毛本誤從尤本等，陳校當從本條注正之。

方慚綠水薦　注：《淮南子》：牙會《綠水》，已見上文。

【陳校】

　　注「牙會《綠水》，已見上文。」當作「手會《綠水》之趣。高誘曰：『《綠水》，古詩也。』」

【集說】

　　梁氏《旁證》曰：何校：「綠」，改「淥」。注「淥水」下，添「之趣。高誘注曰：《淥水》，古詩也」十一字。毛本「手」作「牙」。

　　姚氏《筆記》曰：何改：「《淮南子》曰：『牙會淥水之趣』，高誘曰：『《淥水》，古詩也。』」

【疏證】

　　奎本、明州本、尤本同。贛本、建本作：「《吳都賦》曰：『樹以青槐，亘

以滌水。』《淮南子》曰：『（牙）[手]會綠水之趨』，高誘曰：『《綠水》，古詩也。』」謹案：據贛本注，可見善注「滌水」有兩條：《吳都賦》、《淮南子》。前者為水，後者指曲。本條既祇須引「淮南子」云云，則不得引「已見上文」例；而援《淮南子》，則例當如本書馬融《長笛賦》「中取度於《白雪》、《滌水》」善注引「滌水」下有「之趣（趨同），高誘曰：《滌水》，古詩」，始為完整。本書陳孔璋《答東阿王牋》「觀綠水之節」注引《淮南子》即如此。故陳、何刪「已見上文」，補竟《淮南子》，是也。毛本蓋誤從尤本等，贛本等複出《吳都賦》，亦為蛇足，非李善初衷。

謝法曹贈別惠連

子衿怨勿怨　注：《毛詩》曰：青青子衿，悠悠我心。縱我不往，子寧不嗣音？

【陳校】

「子衿怨勿怨。」下「怨」當作「往」。

【疏證】

諸《文選》本咸作「往」五臣正德本闕葉。謹案：五臣作「往」，良注可證。據善注引《毛詩》，亦證善本作「往」。《九家集注杜詩‧貧交行》「紛紛輕薄何須數」注引亦作「往」。此毛本獨涉上傳寫而誤。陳校當從善注、尤本等正之。

王徵君養疾微

鍊藥矚虛幌　注：《集略》曰：幌，以帛萌窗也。

【陳校】

注「以帛萌窗」。「萌」，「明」誤。

【集說】

胡氏《考異》曰：注「以帛萌窗」。陳曰云云。是也，各本皆誤。案：《七命》注引作「明」，可證。

梁氏《旁證》曰：陳校「萌」改「明」。是也。亦《七命》注引，可證。

【疏證】

明州本、尤本、建本同。奎本作「明」、贛本作「蒙」。謹案：本書謝惠連《雪賦》「月承幌而通暉」注、《七命（大夫曰蘭宮）》「交綺對榥」注引並作「明」。此當陳校所據。蒙，是本義，《集略》蓋謂榥以帛蒙窗櫺，取其薄，易透光。「明」、「萌」皆其借字。萌，與明通。《說文・艸部》：「萌，從草，明聲。」《集韻・庚韻》：「萌，蕨萌。草名。眉兵切。」今作「決明」，是中藥材。皆其證。毛本當從尤本等，不誤。陳不必改焉。「萌」通「明」，可參下司馬長卿《上書諫獵》「遠見於未明」條。

袁太尉從駕淑

履籍鑑都壄　注：《孫卿子》曰：履天子之籍，聽天子之斷。

【陳校】

注「聽天子之斷。」「子」，「下」誤。

【疏證】

奎本以下諸六臣合注本、尤本悉作「下」。謹案：語見《荀子・儒效篇》云：「履天下之籍聽天下之斷」，上下二句並作「下」。「履天」二句，屢見古文獻。檢《魏志・文帝紀》「君其祗順大禮，饗茲萬國，以肅承天命」裴注引《漢獻帝傳》太史丞許芝條上《魏王代漢圖讖》，王令曰：「昔周文王三分天下有其二，以服事殷；公旦履天子之籍，聽天下之斷，終然復子明辟」云云，《淮南子・氾論訓》亦有「履天子之籍，聽天下之政」云云，下句並作「下」字。足證陳校之得，何況有《荀子》及上諸《文選》本為據乎！毛本獨涉上文「子」字而誤。

旺謠響玉律　注：沈約《宋書》曰：謂樂金石，有一定之聲。

【陳校】

注「謂樂」。「謂」，「調」誤。

【疏證】

明州本、贛本同。奎本、尤本、建本作「調」。謹案：語見《宋書・律志序》，正作「調」，《晉書・律歷志》、《玉海》卷七同。明州本首因形近而誤，毛本當誤從贛本等。陳校當從《宋書》、尤本等正之。

恩渥浹下筵 注：顏延年《觀北湖田牧詩》曰：溫渥及輿隸，和惠屬後筵。

【陳校】

注「田牧」。「牧」，「收」誤。「及輿隸」。「及」，「浹」誤。

【集說】

胡氏《考異》曰：注「《觀北湖田牧詩》曰」。何校「牧」改「收」，陳同。是也，各本皆譌。

梁氏《旁證》曰：何校「牧」作「收」，陳同。各本皆誤。

【疏證】

奎本、明州本、尤本誤同。贛本、建本作「收」。謹案：《玉海》卷二十三、卷七十七並作「收」，前者有注：「《集》曰：元嘉十年」，則可見顏《集》本作「收」。「收」、「牧」形近而譌耳。顏詩見本書，字正作「收」，此陳、何改所依。「及」字，奎本以下諸六臣合注本同，獨尤本作「浹」。本書載顏詩正作「浹」，注引《字書》曰：「浹，合也。」尤本當據此改。宋・周應合《景定建康志》卷十八引顏詩，亦作「收」、「浹」。毛本「牧」字，當誤從尤本等，「及」字，則誤從建本等，陳校當從正文、本書內證、尤本等正之。

謝光祿_{郊遊莊}

涼葉照沙嶼

【陳校】

呂延濟謂「秋葉黃，故云照。」按《集》「葉」作「月」。

【集說】

何氏《讀書記》曰：「昭」，當作「照」。呂延濟謂：「秋葉黃，故曰照。」

余氏《音義》曰：「昭」，五臣作「照」。

孫氏《考異》曰：「葉」，一本作「月」。昭，六臣本作「照」。何云：「昭，當作照。呂延濟謂：『秋葉黃，故云照也。』」

許氏《筆記》曰：「昭沙嶼」之「昭」，何改「照」。嘉德案：六臣本作「照」，又孫（鑛）云：「葉，一本作月」。

【疏證】

諸《文選》本悉作「葉」、「照」。謹案：五臣作「照」，呂注可證。宋·范晞文《對床夜語》卷一引亦作「葉」、「照」。毛本作「昭」，蓋佯從晉諱，欲以示出舊本耳，陳、何校當從尤本等正之。今本江《集》亦作「葉」、「照」。

休上人怨別

帳望陽雲臺　注：《子虛賦》曰：楚王乃登雲陽之臺。

【陳校】

「陽雲」二字，當乙。

【集說】

孫氏《考異》曰：「陽雲」當作「雲陽」，謂雲夢之陽也。注引《子虛賦》可證。

胡氏《考異》曰：陳云：「陽雲二字當乙。」今案：陳所說非也。注引「楚王乃登雲陽之臺」，善例既不拘語倒，難以據改。又《子虛賦》，茶陵本作「雲陽」，有校語云：五臣作「陽雲」。袁本作「陽雲」，無校語。考《史記》、《漢書》皆作「陽雲」，恐茶陵及尤所見，未必非傳寫誤。此注亦然。其不當輒改，決然矣。

梁氏《旁證》曰：陳校「陽雲」作「雲陽」。《玉臺新詠》亦作「雲陽」。紀文達公曰：「《史記·司馬相如傳》：『楚王乃登雲陽之臺』孟康注：『雲夢中高唐之臺，宋玉所賦者。言其高出雲之陽〔也〕，則作『陽雲』者誤。」

徐氏《糾何》曰：何曰：「陽雲，當作雲陽，在雲澤之陽也。」案：相如《子虛賦》方從《史記》、《漢書》校定為「陽雲」之臺。此處本是「陽雲」，何氏忽欲倒讀，非是。

胡氏《箋證》曰：《旁證》云：「陳校陽雲作雲陽，《玉臺新詠》亦作雲陽。」紹煐按：向注「巫山、陽雲，皆楚地名。」則作「陽雲」為五臣本。善注引《子虛賦》曰「楚王乃登雲陽之臺」，知善本不作「陽雲」。

【疏證】

《海錄碎事》卷九下、《江文通集》卷四、諸《文選》本悉同，諸六臣合注本並無校語。諸本凡善注引《子虛賦》悉作「雲陽」，《記纂淵海》卷八十三同。何氏《讀書記·前漢書》又云：「陽雲，按孟注當從《文選》作『雲陽』。

此本對以雲夢之事也。」謹案：《文選》諸本作「陽雲」，《玉臺》又可佐證，前胡《考異》、《糾何》以善注例為證，是。陳何校、孫氏《考異》、《旁證》說並非。紀氏、《旁證》引孟康注，蓋出《漢書》，非《史記》，而孟注亦不能證必作「雲陽」也。後胡《箋證》能證五臣，亦不能必善注。

桂水日千里，因之平生懷　注：鍾會《懷士賦》曰：記遠念以興波。

【陳校】

注「記遠念以興波。」「以」，「於」誤。

【集說】

余氏《音義》曰：「以興」，「以」，何改「於」。

梁氏《旁證》曰：何校「以」改「於」。按：此所引不切。

【疏證】

奎本以下諸六臣合注本、尤本悉作「於」。謹案：「以」有「於」義，毛本作「以」，或有所從，陳、何校蓋從尤本等改之。

文選卷三十二

離騷經一首　屈平　王逸注

扈江離於辟芷兮

【陳校】

「於」，當作「與」。

【集說】

孫氏《考異》曰：潘校從六臣「於」改「與」。

許氏《筆記》曰：「離於」。何改「離與」。嘉德案：朱本、洪本並作「扈江離與辟芷」，何校依之。

【疏證】

《集注》本、諸《文選》本咸作「與」。謹案：《楚辭章句》、洪氏《補注》、朱氏《集注》皆作「與」。此毛本作「於」，非音近之誤，「於」、「與」古多見用同。《戰國策・齊策一》：「今趙之與秦也，猶齊之於魯也。」《漢書・杜欽傳》：「況將軍之於主上，主上之與將軍哉？」皆其證。此傳寫不分，毛本當有所從。陳校當從《楚辭章句》、尤本等，然亦不必改毛也。

何不改其此度也

【陳校】

宋本無「其」字。今本《楚詞》作「乎」。

【集說】

孫氏《考異》曰：「其」，當作「乎」。

胡氏《考異》曰：「何不改此度也。」袁本、茶陵本「改」下有「其」字，案：袁用五臣也。校語云：逸作「何不改此度也。」與尤正同。茶陵本以五臣亂之，非。《楚辭》「何不改乎此度也」，洪興祖本「何不改此度」，當各依其舊。讀者易惑，故詳出之。

梁氏《旁證》曰：六臣本改下有「其」字、無「也」字。《楚辭》本作「何不改乎此度。」洪本作「何不改此度。」

許氏《筆記》曰：「何不改其此度也。」「其」，何改「乎」。嘉德案：洪本「其」作「乎」，無「也」字。

【疏證】

五臣正德本及陳本、明州本、建本同。《集注》本、尤本無「其」字。奎本、贛本作「乎」，奎本校云：逸本作「何不改此德也。」謹案：今本《楚辭章句》、洪氏《補注》、朱氏《集注》皆作「乎」。毛本當從建本等，陳校當從尤本、《楚辭》等，亦備異聞而已。觀奎本注，可證尤本亦自有來歷，蓋與《集注》本或同源。明州本、建本已以五臣亂善，在茶陵本前。贛本所見五臣本作「何改乎此度」，與五臣正德本及陳本亦不同。胡氏《考異》主「凡《楚辭》及善引逸注，不必全同，而《文選》今本傳寫之誤或失文義，仍當相正」見《考異》卷六。此是前胡處理《選》文所載《楚辭》之校勘原則，於《楚辭》原著容有異同，又有錯（傳寫譌誤、文義不通）必糾，頗為靈活通脫。本條文義皆通，故云「各依其舊」。奎本所見「逸本」與今本《章句》有異。袁、茶二本「改」下有「其」字，並同五臣，前胡於袁可容忍，而於茶陵本，直斥為「以五臣亂之」，蓋一則以袁、茶分隸六家、六臣兩大系統，袁以五臣為底本，而茶固當以李善為底本；二則，即持上有錯必糾原則，以甄別是非故爾。是皆何、陳師弟所不能及者。

固眾芳之所在 王注：言往古夏禹、殷湯、周文，所以能純美其德而有聲名之稱者。

【陳校】

注「有聲名之稱。」「聲名」，今本作「聖明」。

【集說】

梁氏《旁證》曰：尤本「聲名」作「聲明」。按當作「聖明」，《楚辭注》可證。

【疏證】

奎本以下諸六臣合注本、尤本悉作「聲明」。《集注》本作「聖明」。謹案：《楚辭章句》、洪氏《補注》作「聖明」。「聲」，與「聖」通。《馬王堆漢墓帛書・老子甲本道經・道經》：「是以聲人居無為之事，行不言之教」。今本《老子》作「聖人」，可證。毛本作「名」，「名」，與「明」通。《說文通訓定聲・鼎部》：「名，叚借為明。」《墨子・兼愛下》：「分名乎天下，愛人而利人者，別歟，兼歟？」是其證。是毛本未必誤矣。陳校所謂「今本」，蓋指《楚辭》本，非謂《文選》，蓋亦備異聞而已。

既遵道而得路 王注：遵，循也。……言堯舜……以脩用天地之道。

【陳校】

注「以脩用天地之道。」「脩」，今本作「循」為是。

【集說】

余氏《音義》曰：「以修用」。「修」，何改「循」。

胡氏《考異》曰：注「以脩用天地之道。」何校「脩」改「循」。陳同。《楚辭》注作「循」。案：上云「遵，循也」，「循」字，是也。循、脩二字，群書多混，前人論之詳矣。

梁氏《旁證》曰：何校「脩」改「循」。《楚辭》注正作「循」。

【疏證】

《集注》本、明州本、尤本同。奎本、贛本、建本作「循」。謹案：《楚辭章句》、洪氏《補注》作「循」。今觀正文作「遵」，注云「遵，循也」，亦足證作「循」為是。明州本等因「循」、「脩」二字，隸書、俗寫形近致誤，毛本誤從尤本等，陳校當從本書內證、《楚辭》等正之。

恐皇輿之敗績 王注：輿，君之所乘也。以諭國也。

【陳校】

注「以諭國」。「諭」，「喻」誤。後「諭君」，同。

【集說】

胡氏《考異》曰：注「諭傾危也。」陳云：「諭，喻誤。」又「風為號令，以諭君命；行媒，諭左右之臣也；同。」案：喻、諭通用。或逸自用「諭」，下「以諭國也」、「以諭君也」，「故以香為諭」、「故以諭君」。袁本皆作「諭」，茶陵本皆作「喻」。《楚辭注》亦「喻」、「諭」錯出。

梁氏《旁證》曰：陳云：「諭，喻誤。」胡公《考異》曰：「喻、諭通用。袁本皆作諭，茶陵本皆作喻。《楚辭注》亦喻、諭錯出。」

【疏證】

《集注》本、尤本作「諭」。明州本、贛本、建本作「喻」。謹案：「諭」，「喻」之辨，周鈔陳校繫於「恐皇輿之敗績」注下，前胡則於上聯下句「路幽昧以險隘」注「險隘，喻傾危也」下先已論及。又陳校所謂「後諭君」云云，即指「後飛廉使奔屬」注「風為號令，以諭君命」云云，而前胡並再下「何必用夫行媒」注「行媒，諭左右之臣也」云云，亦一併總論之。故上《考異》「又，風為號令，以諭君命；行媒，諭左右之臣也；同。」蓋非陳校之原文，乃前胡於陳校「後諭君」云云之隱括。前胡「喻、諭通用，《楚辭》注、《文選》用錯出」，其說精審。《玉篇·言部》：「諭，譬也。」《戰國策·齊策四》：「請以市諭，市朝則滿，夕則虛。非朝愛市而夕憎之也，求存故往，亡故去」，皆可為證。本條足見，前胡於蕭《選》、《楚辭》之校勘，既不膠固於以《騷》律《選》，亦不局限於《文選》諸本某一條之異同瑣細，而能從聲音通用大處着眼，歸納總結王逸注《騷》與李善注《選》用詞錯出之特徵，充分表現出前胡校《選》，據守其一貫奉行之不校而校、不輕改本書之原則底線。誠非鄉里前輩何、陳可及哉。本條毛本蓋從尤本等，不誤。明州本首改奎本之「諭」，贛本、建本遞相從之。陳校蓋從建本等，然無須改也。

忽奔走以先後　王注：《詩》曰：予聿有奔走，予聿有先後。

【陳校】

注兩「予聿」，並當作「予曰」。

【集說】

顧按：「聿」字，載王伯厚《詩考》。三家異字也，不當改。

梁氏《旁證》曰：朱氏珔曰：今《詩》「先後」在上、「聿」作「曰」云

云。詳下朱氏《集釋》。

姚氏《筆記》曰：何改「聿」為「曰」。然余疑叔師所見與今或不同，後人據《毛詩》本改「曰」耳。善注或仍其舊。又按：洪慶善《補注》載叔師注作「聿」。

朱氏《集釋》曰：今《詩》「先後」在「奔走」之上、「聿」作「曰」。「曰」，與「聿」通。……《詩》：「見晛曰消」、「曰喪厥國。」《釋文》引《韓詩》，「曰」，俱作「聿」，則此注所引當《韓詩》也。

胡氏《箋證》曰：按：今《詩》「聿」俱作「曰」。朱氏珔曰：「《詩》：『見晛曰消』、『曰喪厥國。』《釋文》引《韓詩》『曰』作『聿』，則此引當亦是《韓詩》。」

【疏證】

《集注》本、奎本、明州本、尤本、建本同。贛本作「曰」，蓋從今本《章句》。謹案：今本《章句》引《詩》見《大雅·緜》。《毛詩》作「曰」。《釋文》引《韓詩》則作「聿」。《集注》、奎本等蓋承其舊，今本《章句》、贛本則宗《毛詩》改也，是陳、何校所宗。依朱說，則王逸所引蓋《韓詩》，「詩」上當增「韓」字，然王逸所見未必與今本《楚辭》同，故陳、何不必非從《毛詩》改毛本焉。顧按、姚說皆是。顧按援王伯厚說，見《詩攷·韓詩》篇。本條不但因《詩》有韓、毛之異，不當擅改，今讀王氏《釋詞》，知根本癥結在何、陳師弟尚未經乾嘉樸學洗禮，未達「聿」、「曰」聲同假借之義而致誤耳。《釋詞》卷二「欥、聿、遹、曰」條云：《毛鄭詩考正》曰：「《說文》：『欥，詮詞也。从欠从曰。曰亦聲。《詩》曰：欥求厥寧。』然則，欥，蓋本文，同聲假借用曰、聿、遹三字。」引之按：《考正》說是也。《詩》中多借用「曰」字：「曰止曰時」、「予曰有疏附，予曰有先後。予曰有奔走，予曰有禦侮。」《緜》……「曰喪其國」《抑》，皆當讀為「歲聿其莫」之「聿」。「予曰有奔走，予曰有禦侮」，《楚辭·離騷》王注引作「聿」。而鄭《箋》於「曰止曰時」，則云：「亦可止居於是」；於「予曰有疏附」四句，則云：「文王之德所以至然者，我念之曰：此亦由有疏附、先後、奔奏、禦侮之臣力也。」按：予者，指文王而言。言文王能興其業，於是有疏附、先後、奔奏、禦侮之臣也。……蓋未達假借之義，而經文遂詰籲為病矣。謹又案：王說可從。本條持論與拙著《何校集證》不同，當以本條為準。

反信讒而齊怒

【陳校】

「齊」，今本作「齌」，為是。

【集說】

余氏《音義》曰：「齊」，《楚辭》作「齌」。

顧按：洪興祖曰：「齌，一作齊。」

梁氏《旁證》曰：「齊」，應依《楚辭》作「齌」。

胡氏《箋證》曰：戴氏震曰：「齌，當讀如天之方懠之懠。」紹煐按：《爾雅》：「齌，疾也。」注正本《爾雅》為訓。《大雅·板》傳云：「懠，怒也。」是「懠」亦「疾」義，故戴讀從之。

許氏《筆記》曰：「齊」，何改「齌」。嘉德案：《說文》：「齌，炊〔餔〕疾也。」引伸為凡疾之用。齌怒者，疾怒也，傳寫誤「齊」。

黃氏《平點》曰：「齊」，即「齌」也。

【疏證】

《集注》本、諸《文選》本悉同。謹案：《太平御覽》卷九百八十三作「齌」。《古今合璧事類備要》續集卷四十一注引作「齊」。近人游國恩《離騷纂義》曰：「齌，唐本作齊，顏師古、陸善經、呂延濟所見並同。然王逸注為疾。《說文》：『齌，炊餔疾。』二者相應，是王逸所見本必為齌。唐本或為齌、齊形近而誤，或因齌、齊相通而改，其喻怒氣之盛固不變也。」謹又案：據注「疾也」，自當作「齌」。然《章句》注：「齌，疾也。一作齊。」洪氏《補注》：「齌，一作齊」、朱氏《集注》：「齌，從火，齊聲。在詣反。一作齊，或作齋，並祖西反。」是兩字固通；或云齊、齌為古今字，故黃氏《平點》曰：「齊，即齌也。」毛本當從尤本等，陳、何校不必改。許氏謂「傳寫誤」、游氏「齌齊形近而誤」說，皆非。嘉德引《說文》，「炊」下脫「餔」字。已補。

初既與余成言兮，後悔遁而有他

【陳校】

此上，今本有「曰黃昏以為期，羌中道而改路」二句。乃後人所增，王逸本無之。洪慶善辨之詳矣。

【集說】

余氏《音義》曰：何曰：（「故也」下）他本有「曰黃昏以為期兮，羌中道而改路。」王逸無［之］。

孫氏《考異》曰：何曰云云。志祖按：洪興祖《補注》云：「王逸不注此二句。後章始釋羌義，疑此後人所增也。」朱子《楚辭集注》云：「洪說雖有據，然安知非王逸以前，此下已脫兩句耶？更詳之。」

梁氏《旁證》曰：洪曰：「本此句上有：『曰黃昏以為期兮，羌中道而改路』二語。然王注至下文『羌內恕己』句，始釋『羌』義。則此二語疑後人所增耳。」

姚氏《筆記》曰：何曰云云。

朱氏《集釋》曰：此二語……《文選》無之。朱子曰：「洪興祖言：『王逸不注，疑後人所增，安知非逸以前脫此二句耶？』」陳氏本禮《屈辭精義》云：「曰者，標經正文，故以曰字另起。今考王逸本現有此二句，惟《文選》脫此二句。似昭明不知《離騷》有序，特刪此二語，使敘、文聯成一篇，故後世以譌傳譌，實自昭明始也。」據陳意，蓋以篇首至「夫惟靈修之故也」為《離騷》序文，實馬遷、揚雄、班固《自敘篇》之祖；下乃標經正文，故以「曰字」另起。但《離騷》自古相傳一篇，必分上是敘，下是經，未免臆斷。且以二語為經開端，殊覺突如其來。觀前文「來吾導夫先路」，「路」與「度」韻，「既遵道而得路」，「路」與「步」韻，此處「路」，亦當與「故」為韻。乃下屬「他」、「化」為韻，云「叶若、羅」，非也。洪說「王逸至下文『羌內恕己以量人』，始釋羌義。又《九章》曰：『昔我與君誠言兮，曰黃昏以為期。羌中道而回畔兮，反既有此他志』，與此語同。」則以為誤入者。近之。

【疏證】

《集注》本、諸《文選》本悉無「曰黃昏」二句。《楚辭》則《章句》、《補注》、《集注》悉有。《補注》曰：「一本有此二句。王逸無注，至下文『羌內恕己以量人』，始釋羌義。疑此二句後人所增耳。《九章》曰：『昔君與我誠言兮，曰黃昏以為期。羌中道而回畔兮，反既有此他志』，與此語同。」屈復《楚辭新注》曰：「此兩句與下『悔遁而有他』，義重，又通篇皆四句，此多二句，明係衍文。」游氏《纂義》曰：「此二語之為衍文，不辨自明。朱熹疑王逸之前此下已脫二句，故不合通篇句例，非也。即令其下脫去二句，

但上二句亦不應獨留羌義不注，而於下文始釋之也。且屈賦句首用曰字者甚多，惟《天問》發端曰字為自己語氣，餘皆述他人之言。陳氏有意求奇，不但游談無根，抑且不顧文義。」謹案：《古今合璧事類備要》續集卷四十一「屈原《離騷經》」注引有此二句。游氏所謂「陳氏」，即朱珔所引之陳本禮。二句《楚辭》有，《文選》本無。何校云「他本有二句」，陳校所謂「今本有」，並指今本《章句》及洪氏《補注》、朱氏《集注》；又謂「王逸本無」，直指二句蓋衍文，旨在維護《文選》。陳、何校是也。孫氏並列異說，梁氏則襲洪氏《補注》耳。

長瀨頷亦何傷

【陳校】

「瀨」，「顉」誤。注同。

【疏證】

諸《文選》本悉作「顉」。《集注》本作「減淫」，王逸注同，陸善經注作「咸淫」。謹案：《集韻·陷韻》：「減，又姓，亦省（作咸）。」《通志·氏族略五》：「減氏亦作咸。」上陸善經注正可為佐證。然則，「顉」，當為「瀨」之省文爾。毛本當從尤本等，不誤。陳校非是。

謇朝誶而夕替　王注：誶，諫也。《詩》曰：誶予不顧。

【陳校】

注「《詩》曰：誶予不顧。」按：「誶」，《毛詩》作「訊」，此從《韓詩》。又「誶，諫也」，亦《韓詩》薛注。俱見陸氏《釋文》。

【集說】

許氏《筆記》曰：注引《詩》「誶予不顧」。今《詩》作「訊」。《釋文》云：「本又作誶。音信。」案：《說文》：「誶，讓也。從言卒聲。《國語》曰：『誶申胥。』雖遂切」、「訊，問也。從言卂聲。息晉切。」《爾雅》：「誶，告也。」嘉德案：段曰：「《爾雅》、毛《傳》皆曰：『誶，告也。』《國語》：『誶，告讓也。』今《毛詩》、《爾雅》、他書『誶』皆譌『訊』，[皆]由傳寫形近而誤。」

【疏證】

《集注》本、奎本以下諸六臣合注本、尤本悉同。《楚辭章句》、《補注》，並作「詩」字。謹案：《詩》語見《陳風·墓門》篇，今《毛詩》作「訊」。洪氏《補注》曰：「誶，今《詩》作訊。」言下之意，亦毛古本非作「訊」。嘉德引段說，則以《毛詩》舊亦作「誶」，今本《毛詩》及他書作「訊」者，皆為「誶」之譌。陳云「《韓詩》作誶」，有《釋文》為證。且「誶，諫也」係薛注，故云「當從《韓詩》」，亦即「詩」上當補「韓」字。兩相比較還以陳校為長。「誶，告讓也」，係《國語·吳語》：「乃訊申胥」注文。

吾獨窮困乎此時也　王注：悵然位立而失志者。

【陳校】

注「悵然位立」。「位」，「住」誤。

【疏證】

《集注》本、奎本以下諸六臣合注本、尤本悉作「住」。謹案：語見《楚辭章句》、《補注》，正作「住」。此毛本獨因形近而誤，陳校當從《楚辭》、尤本等正之。

自前代而固然　王注：此鳥執志剛厲，不與眾鳥同羣。忠正之士者亦守節不隨俗為謟媚，從前代固如是，非但於我。

【陳校】

「自前代而固然」下，誤刻李周翰注。

【集說】

姚氏《筆記》曰：何改曰：「言鷙鳥〔執志〕剛厲，特處不羣。以言忠正之士，亦執分守節，不隨俗人，自前代固然，非但於今。」

【疏證】

《集注》本、奎本以下諸六臣本、尤本悉作：「言鷙鳥執志剛厲，特處不群，以言忠正之士，亦執分守節，不隨俗人。自前代固然，非但於今。」謹案：語見《楚辭章句》、《補注》，正作「言鷙鳥」云云三十五字。毛本蓋誤刻「此鳥執志」下至「於我」三十六字，此五臣翰注耳。陳、何從尤本、《楚辭》等改，是也。姚錄何校，「剛厲」上脫「執志」二字。已補。

屈心而抑志兮，忍尤而攘詬　王注：言己所以能屈案士心

【陳校】

　　注「（案屈）〔屈案〕士心」。「士心」，當作「心志」。

【疏證】

　　《集注》本、奎本以下諸六臣合注本、尤本悉作「心志」。謹案：語見《楚辭章句》、《補注》，正作「心志」。毛本傳寫誤，陳校當從《楚辭》、尤本等正之。周鈔倒作「案屈」，已乙正。

人生各有所樂兮　王注：言萬人稟天命而生，各有所樂。諂佞或樂貪淫。

【陳校】

　　注「諂佞」上，脫「或樂」二字。

【疏證】

　　《集注》本、奎本以下諸六臣合注本、尤本「諂佞」上，悉有「或樂」二字。謹案：語見《楚辭章句》、《補注》，正有「或樂」二字。毛本傳寫誤奪，陳校當從《楚辭》、尤本等正之。

薋菉葹以盈室兮　王注：《詩》曰：楚楚者薋。

【陳校】

　　注「《詩》曰：楚楚者薋。」此亦疑從《韓詩》。

【集說】

　　許氏《筆記》曰：「薋」，洪云：「今《詩》作茨」。

【疏證】

　　《集注》本、奎本、明州本、尤本、建本同。贛本獨作「茨」。謹案：《楚辭章句》、《補注》作「詩曰」、「薋」。洪氏補曰：「今《詩》薋作茨。《爾雅》亦作茨。」《毛詩》作「茨」，見《小雅·楚茨》篇。范家相《三家詩拾遺》卷一：《楚茨》：「楚楚者薋」自注：「《楚詞章句》。《漢書注》茨，作薺。」薺、薋、茨三字，古本通用。見清·陳啟源《毛詩稽古編》卷四《牆有茨》。毛本當從尤本等，陳校當據贛本、洪氏《補注》、上「謇朝誶而夕替」條等，而有此疑。然恐李善所見本，固作「薋」耳，不改為宜。

縱欲而不忍　王注：言浞取羿妻而生澆，強梁多力，縱放其情。不忍其欲，以殺夏后相也。

【陳校】

「縱欲而不忍。」「欲」下，今本有「殺」字。

【集說】

姚氏《筆記》曰：注「不忍其欲以殺夏后相也。」按：如注意，則「欲」下有「殺」字本，或近是。

【疏證】

《集注》本、諸《文選》本咸同。謹案：《楚辭章句》有「殺」字。《補注》無「殺」字，洪氏補曰：「一本欲下有殺字」。毛本當從尤本等，陳校、姚說或是。陳所指「今本」，蓋指《楚辭章句》。游氏《纂義》曰：「玩《章句》以殺夏后相連文釋之，似澆以不忍其欲而殺帝相者，非也。俗本又以《章句》此解，遂於欲下妄增殺字，此又誤之誤者也。」游氏以為出「俗本」，未必是也。觀若有「殺」字，則合上句「澆身被服彊圉兮」，正與上聯「固亂流其鮮終兮，浞又貪夫厥家」兩句、下聯「日康娛而自忘兮，厥首用夫顛隕」兩句相偶。

皇天無私阿兮　王注：竊愛為私，所祐為阿。

【陳校】

注「所祐為阿」。「祐」，今本作「私」。

【集說】

余氏《音義》曰：「所祐為」。「祐」，何改「私」。

【疏證】

奎本、明州本、尤本、建本同。贛本作「私」。《集注》本作「祐」。謹案：《楚辭章句》諸本皆作「私」，此贛本所從。《楚辭》本、贛本，蓋陳、何校所從。毛本蓋從尤本等。今觀二句注，乃分承正文「私」、「阿」二字而下，故自以作「私」為長。陳、何校是也。洪氏《補注》有：「一云所祐為阿」，即指尤本等《文選》本耳。

覽人德焉錯輔　王注：觀萬人之中有道德之者。

【陳校】

　　注「有道德之者」。「之」,「人」誤。

【集說】

　　余氏《音義》曰:「德之者」。「之」,何改「人」。

　　胡氏《考異》曰:注「有道德之者」。何校「之」改「人」。陳同。茶陵本作「人」。袁本作「之」。《楚辭注》無此字。案:疑無者是也。

　　梁氏《旁證》曰:何校「之」改「人」。陳同。然《楚辭》本無「之」字。

【疏證】

　　《集注》本、明州本、尤本同。奎本無「之」字。贛本、建本作「人」。謹案:《楚辭章句》、《補注》正無「之」字。《考異》「疑無者是也」說,是。毛本當誤從尤本等,陳、何校蓋據贛本,亦非。

耿吾既得此中正　王注:仰訴於天,則中心的明。此中正之道,情合其人,神與化游。

【陳校】

　　注「中心的明」。「的」,「曉」誤。又「精合其人。」「其」,「真」誤。

【集說】

　　余氏《音義》曰:「的明」、「其人」。「的」,何改「曉」、「明」下增「得」字、「其」,改「真」。

　　胡氏《考異》曰:注「情合真人。」袁本、茶陵本「情」作「精」。案:此尤本誤字。

　　梁氏《旁證》曰:毛本「曉」誤作「的」,又脫「得」字,「精」誤作「情」,「真」誤作「其」。應依六臣本改。

　　姚氏《筆記》曰:按:「的」,當為「曉」、「明」下有「得」字。

【疏證】

　　奎本以下諸六臣合注本皆脫「得」字。奎本作「的」、誤「情」、作「真」字。明州本、建本作「的」、「精」、「真」,贛本作「曉」、「精」、「真」。《集注》本、尤本有「得」、作「曉」、誤「情」、作「真」字。謹案:《楚辭章句》、《補

注》有「得」、作「曉」、「精」、「真」。除「其」字，毛本獨因形近傳寫而誤，餘三字，皆有所從；陳、何校當從《楚辭》、尤本等補正之。

望崦嵫而勿迫　王注：望日所望入之山。

【陳校】

注「望日所望入之山。」下「望」字，衍。

【疏證】

明州本同。《集注》本、奎本、尤本無下「望」字，尤本有剜痕。贛本、建本作「奔」。謹案：《楚辭章句》、《補注》正無下「望」字。毛本之衍乃因誤從，陳校當從《楚辭》、尤本等正之。六臣系統本作「奔」，亦誤。

折若木以扶日兮　王注：拂，擊也。

【陳校】

「扶」，當作「拂」。

【疏證】

《集注》本、諸《文選》本悉作「拂」。謹案：《楚辭章句》、《補注》正作「拂」。《藝文類聚》卷八十九、《太平御覽》卷九百六十一引並同。本書曹子建《與吳季重書》「折若木之華」注引作「拂」。依注，自當作「拂」。五臣作「拂」，向注可證。此毛本獨因音近，或涉上句「揔余轡乎扶桑」而譌。陳校則當從注文、本書內證、《楚辭》、尤本等正之。然考《說文・手部》：「拂，過擊也。」徐鍇《繫傳》：「過而擊之也。」似與王注「拂，擊也」不合。而檢《說文・手部》：「扶，左也。从手，夫聲。𢷼，古文扶。」尤其「扶」之古文為「𢷼」，不禁亟欲再探究竟。嗣考《說文・攴部》云：「攴，小擊也。從又，卜聲。凡攴之屬皆從攴。」原來𢷼（扶）固有「小擊」之義，恰與王注契合。因疑李善所據古本《文選》、《楚辭》並作「𢷼」，後人有以通行「扶」改正文，復有不識古文「𢷼」擅改「拂」，並據注以改正文者，遂致今本《騷》、《選》並譌。毛本「扶」字，其獨存善本之真爾。不敢自信，存此以待明哲。

帥雲霓而來御　王注：言已使鳳皇往來同志之士。

【陳校】

注「往來同志之士」。「來」，「求」誤。

【疏證】

　　《集注》本、奎本以下諸六臣合注本、尤本悉作「求」。謹案:《楚辭章句》、《補注》正作「求」。此毛本獨因涉正文、形近傳寫而誤,陳校當從《楚辭》、尤本等正之。

余猶惡其佻巧　　王注:言又使雄鳩御命而往。

【陳校】

　　注「御命而往」。「御」,「銜」誤。

【疏證】

　　《集注》本、奎本作「銜」。明州本、贛本、尤本、建本作「銜」。謹案:《楚辭章句》、《補注》正作「銜」。銜,同「銜」。蓋「銜」,一音戶監切,其義受(口含)君命也,故《集注》本、奎本不誤。「銜」,又為「御」之俗字,見《龍龕手鑒·彳部》。《手鑒》曰:「去聲。□、銜、□、衛。自注:四俗御。」讀牛倨切、已不是受(口含)君命之義,與「銜」為二字矣,此毛本因譌用俗字,所以為誤。陳校當從《楚辭》、尤本等正之,是矣。

謂幽蘭其不可佩　　王注:言楚國戶服白蒿,滿其要帶,以為芬芳,反用幽蘭臭惡。

【陳校】

　　注「反用幽蘭臭惡。」「用」,「謂」誤。

【疏證】

　　明州本、贛本、建本同。奎本作「以」。尤本作「謂」。謹案:《楚辭章句》、《補注》作「謂」。觀上句「以為芬芳」,則奎本作「以」,亦得;「用」與「以」義同,則明州本等亦不得謂誤,蓋李善所見《楚辭》本,未必與今本同也。尤本當從《楚辭》改,陳校蓋從尤本,然不改亦得。

告余以吉故　　王注:言皇天揚其光靈,使百神告我當去尤吉善也。

【陳校】

　　注「當去尤吉善」。「尤」,今本作「就」,為是。

【集說】

　　胡氏《考異》曰：注「告我當去尤吉善也」。何校改「尤」作「就」。陳云：「《楚辭注》作就，為是。」各本皆譌。

　　梁氏《旁證》曰：《楚辭注》「尤」作「就」。是也。各本皆誤。

【疏證】

　　奎本、明州本、尤本、建本同。贛本作「就」。謹案：《楚辭章句》、《補注》作「就」。毛本誤從尤本等，陳、何校，當從今本《楚辭》，是也。此條足證愚於上「固眾芳之所在」條所斷：陳校所謂「今本」，指《楚辭》，而非《文選》之說之不誣。洪氏《補注》曰：「五臣云：『告我去當吉。』補曰：『靈氛之占，筵篿折竹而已。至百神備降，九嶷並迎，告我使去，則可以去矣。』」向注不解「尤」，蓋「就」之壞字，因有此解_{贛本因作「向同逸註」}，洪氏駁之，是也。

摯皋繇而能調　王注：得伊尹咎繇，力能調和陰陽而安天下。

【陳校】

　　注「力能調和」。「力」，疑「乃」誤。

【集說】

　　胡氏《考異》曰：注「力能調和陰陽」。陳云：「力，乃誤。」是也，《楚辭注》作「乃」，各本皆譌。

　　梁氏《旁證》曰：《楚辭注》「力」作「乃」。是也，各本皆誤。

【疏證】

　　奎本以下諸六臣合注本、尤本同。謹案：《楚辭章句》、《補注》作「乃」。觀上文「湯禹至聖，猶敬承天道，求其匹合」云云，則作「乃」為勝。毛本蓋從尤本等，陳校則從《楚辭》，是也。

遭周文而得舉　王注：言太公避紂居東海之濱，聞文王化興，盍往歸之。

【陳校】

　　注「文王化興」。「化」，「作」誤。

【疏證】

　　明州本、贛本同。奎本、尤本、建本作「作」。謹案：《楚辭章句》、《補

注》作「作」。語出《孟子注疏・離婁章句上》，彼載伯夷、太公語同，皆為「作」字，本書揚子雲《解嘲》「二老歸而周熾」注、任淵《后山詩注・丞相溫公挽詞》「百姓歸周老」注引《孟子》並同。毛本當誤從贛本等，陳校當據本書內證、《楚辭》、《孟子》、尤本等正之。

使百草為之不芳　王注：使百草華英擢落。

【陳校】

　　注「華英擢落」。「擢」，「摧」誤。

【疏證】

　　奎本以下諸六臣合注本、尤本悉作「摧」。謹案：《楚辭章句》、《補注》正作「摧」。毛本因形近傳寫而誤，陳校當從《楚辭》、尤本等正之。

椒又欲充其佩幃　王注：此使居親近，無有憂國之心。

【陳校】

　　注「此使居親近。」「此」，「皆」誤。

【疏證】

　　奎本以下諸六臣合注本同。尤本作「皆」。謹案：《楚辭章句》、《補注》無「此」字，《鹽鐵論》卷三「而行臧文子椒之意」注引同。上文列數子椒種種劣跡，至此歸納，自以用「皆」字為切。尤本所據或壞字之本，乃因上半「此」字下添「曰」爾。如《楚辭》等無「此」字，亦得。毛本當誤從六臣合注本，陳校當從尤本。

惟茲佩之可貴兮　王注：此誠可貴茲。

【陳校】

　　注「茲」，「重」誤。

【集說】

　　余氏《音義》曰：「可貴茲」。「茲」，何改「重」。

　　胡氏《考異》曰：注「此誠可貴茲。」袁本、茶陵本「茲」作「重」。是也。案：此尤本誤字。

梁氏《旁證》曰：六臣本「茲」作「重」，是也。此尤本誤。

【疏證】

尤本誤同。奎本以下諸六臣合注本作「重」。謹案：《楚辭章句》、《補注》作「重」。毛本誤從尤本，陳校當從《楚辭》、贛本等正之。

芬至今猶未（沬）〔沬〕　王注：……言己所行芬芳虧歇，至今猶未已也。

誠難和調度以自娛兮，聊浮游而求女。

【陳校】

注「虧歇」上，脫「誠難」二字。下「和調度」句上，衍「誠難」二字。

【集說】

余氏《音義》曰：「行芬芳」下，何增「誠難」二字。

孫氏《考異》曰：「誠難和調度以自娛兮。」《楚辭》、六臣無「誠難」二字。潘云：「二字連上注。」

梁氏《旁證》曰：注「誠難虧歇」。毛本脫「誠難」二字。或又誤移此二字為下句正文。

【疏證】

奎本以下諸六臣合注本惟明州本「難」字譌「歡」、尤本注不脫、下文不衍「誠難」二字。謹案：《楚辭章句》、《補注》注「芬芳」下並有「勃勃誠難」四字。此毛本獨以注文錯入下正文耳，陳校當從《楚辭》、尤本等正之。

路修遠以周流　王注：言已設去楚國遠方，乃轉至崑崙神明之山。

【陳校】

注「去楚國遠方」。「方」，「行」誤。

【疏證】

奎本以下諸六臣合注本、尤本悉作「行」。謹案：《楚辭章句》、《補注》作「行」。毛本獨因形近傳寫而誤，陳校當從《楚辭》、尤本等正之。

九歌四首　屈平　王逸注

東皇太一

奠桂酒兮椒漿　王注：桂漿，切桂以置酒中也。椒漿，以椒置漿中也。

【陳校】

注「桂漿」。「漿」，「酒」誤。

【疏證】

奎本以下諸六臣合注本、尤本悉作「酒」。謹案：《楚辭章句》、《補注》作「酒」。上句釋「桂酒」；下句釋「椒漿」，但觀正文及注文理，即可知毛本傳寫誤也，陳校當從《楚辭》、上下文義、尤本等正之。

雲中君

極勞心兮憺憺　王注：以志己憂。思而念之，終不可得。

【陳校】

注「以志己憂。」「志」，「忘」誤。

【疏證】

明州本、贛本、建本誤同明州本「志」上並脱「以」字。奎本、尤本作「忘」。謹案：《楚辭章句》、《補注》作「忘」。明州本首因形近而誤，毛本誤從六臣合注本，陳校當從《楚辭》、尤本等正之。

湘夫人

洞庭波兮木華下　王注：言秋風疾則草木搖，湘水波而樹葉落矣。

【陳校】

「洞庭波兮木華下。」「華」，「葉」誤。

【集說】

許氏《筆記》曰：「木華下」。「華」，注明作「葉」字。

【疏證】

諸《文選》本咸作「葉」。謹案：《楚辭章句》、《補注》作「葉」。《藝文類

聚》卷一、卷三卷八十八、《太平御覽》卷九、卷二十五、卷九百五十三引、《北堂書鈔》卷一百五十四「嫋嫋秋風」注、本書謝希逸《月賦》「洞庭始波，木葉微脫」注、謝靈運《石門新營所住——》「洞庭空波瀾」注引並同。毛本獨因形近傳寫而誤，陳校當從《楚辭》、本書內證、尤本等正之。

鳥萃兮蘋中

【陳校】

一本「萃」上，有「何」字。為是。

【集說】

孫氏《考異》曰：「萃」字上，《楚辭集注》有「何」字。

胡氏《考異》曰：「鳥萃兮蘋中。」何校「萃」上添「何」字。陳同。案：《楚辭》有「何」字。又洪興祖云：「一本萃上有何字。」何、陳據之也。袁本、茶陵本皆無。洪興祖本《楚辭》亦無，此仍當各依其舊，不必添也。

梁氏《旁證》曰：《楚辭》本「萃」上，有「何」字。洪曰：「一本有『何』字。」

許氏《筆記》曰：此是浮水之蘋。「鳥」下脫「何」字。嘉德案：何校「萃」上增「何」字。陳同。又案：洪本《楚辭》無「何」字，云「一本有。」朱子本「萃」上有「何」字，云「無者非。」是。

【疏證】

諸《文選》本咸無「何」字。謹案：《楚辭章句》及《集注》有「何」字。《補注》無「何」字。陳校所謂「一本」，當指《章句》。李善所見本，或與今本不同，無者未必非，毛本當從尤本等。前胡說是，「各依其舊，不必添也」。